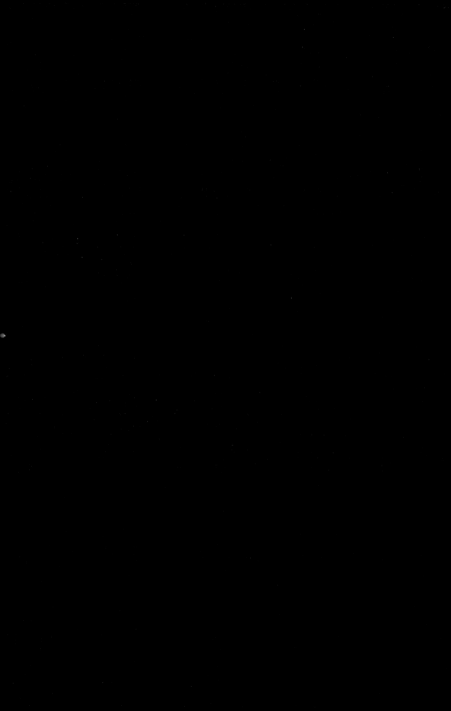

三野明洋
mino akihiro

やらまいか魂

デジタル時代の著作権20年戦争

朝日新聞出版

まえがき

二〇一五年四月二十八日午後三時、最高裁判所第三小法廷に岡部喜代子裁判長以下四名の裁判官がそろい、判決文を読み上げた。

判決　主文「本件上告を棄却する。上告費用は上告人の負担とする」以上。

二十年にわたる闘いにピリオドが打たれた。

主文につづく十一ページにおよぶ長い「理由」の最後の部分――〈参加人（ＪＡＳＲＡＣ）の本件行為は、別異に解すべき特段の事情のない限り、自らの市場支配力の形成、維持ないし強化という観点からみて正常な競争手段の範囲を逸脱するような人為性を有するものと解するのが相当である。したがって、本件審決の取消し後の審判においては、独占禁止法第２

条第5項にいう「他の事業者の事業活動を排除」することという要件の該当性につき上記特段の事情の有無を検討の上、上記要件の該当性が認められる場合には、本件行為が同項にいう「一定の取引分野における競争を実質的に制限する」ものに該当するか否かなど、同項の他の要件の該当性が審理の対象になるものと解される。よって、裁判官全員一致の意見で、主文のとおり判決する〉

というふうに、公正取引委員会の審決を取り消す判決が言い渡され、「ＪＡＳＲＡＣが他事業者の参入を排除している」とした東京高裁の判断がここに確定した。

文字にすれば、主文の一行で終わり。ただし、その裏に書かれた「理由」これがすべてなんだなあ！

当たり前だけど慣れない裁判、それも公正取引委員会（審査局）が二〇〇九年に出したＪＡＳＲＡＣに対する「包括（徴収）契約の排除措置命令」を、その公取委（審判部）が審決にて、二〇一二年に取消。その取消をイーライセンスが東京高裁に提訴し、二〇一三年勝訴。そして申立人（公取委）と参加人（ＪＡＳＲＡＣ）の上告を、最上位の最高裁判所が棄却した。自分で書いていても頭が混乱するほどわけのわからない経緯をたどり、最後の判決の日を迎えた。

まあ、二〇一三年十一月一日の東京高裁の判決で、ほぼ勝敗は決していたとはいえ、「裁判とは長くかかるもの、行方のみえないもの、体力と資金力が必要なもの、そして正義だけでは勝てないもの」なんだなあ！　とつくづく考えさせられた。

「裁判の行方と問うて、『アナ雪』と解く、その心は、良くも悪くも『ありのままに』」てなことで、思えばそのはじまりは、二〇〇七年公取委への提訴からはじまった。

そして、忘れもしない二〇〇八年四月二十三日、公取委のＪＡＳＲＡＣへの立入検査が実施された。テレビでよくみる「黒服の行列」そうアレアレ、段ボール箱片手にゾロゾロと入っていくヤツ、そうあれだ！　といいつつ、この日は北京出張にて、残念ながら画面上はあとの祭り、北京では映像はみられず、電話連絡を受けてネットを泳ぎ回ったが、結局のところ、詳細は一日遅れの変形の新聞でやっと実感を得た。しかし握手する相手もいないし、ひとりニヤつくわけにもいかないし、いやはや！　残念無念だったなあ！　そこから延々七年にもなろうか。やっと決着ですかね！　ということで、こんな結末に向かい、一九九五年からはじまったノンフィクション・ストーリー「規制改革から法律改正、独禁法『最高裁判決』まで、デジタル時代の著作権二十年戦争」のはじまりです。

◆目次

やらまいか魂

デジタル時代の著作権20年戦争

第一章 「カッキ～ン！」からはじまる

一九九五年九月二十一日から話ははじまる。この日、森高千里「渡良瀬橋」のCD‐ROM作品での楽曲使用許諾について情報交換をするために、西新橋一丁目（元 芝田村町）にあった公益社団法人（当時）日本音楽著作権協会、通称JASRACを訪ねた。

その年は、時代はがらがらと音を立てて変わりつつあった。もちろん、それほど派手な音を立てることはなく、ファンファーレが鳴り響くわけでもないが、注意深く耳をすませば、新しい時代の足音が聞こえていた。

日本に暮らしていた人間にとって一九九五年は、正月早々に起きた阪神淡路大震災（一月十七日）の映像を映し出すテレビ画面に圧倒され、それまで想定すらされていなかった地下鉄サリン事件と、思いもよらぬ災害や事件にだれもが驚きを隠せない年がはじまっていた。

一方では、いまや当たり前になったネット販売の雄アマゾンが正式にサービスを開始し（七月十六日）、マイクロソフト社のWindows95の日本語版が発売された（十一月二十三日）

年である。その後、九七年二月にはスティーブ・ジョブズがアップル社に復帰、ビル・ゲイツとの歴史的和解を果たしたのを皮切りに、九七年のPowerBook G3や九八年のiMacなど大進撃を開始する。また、ラリー・ペイジとセルゲイ・ブリンがグーグル社を設立するのは九八年九月のことである。役者はそろい、デジタルの宇宙がビッグバンを迎えようとしていた。

総務省の統計によれば、パソコン世帯普及率は一九九〇年に一〇％台であったのが、九五年三月末に一五・六％に、翌九六年三月末には二二・一％に達した。二〇〇九年末には八七・二％と過去最高を記録する（その後は端末の多様化によりやや下降する）。インターネット世帯利用率は、Windows95発売後の九六年末に三・三％であったが、二〇一三年末には九三・八％に達する。本格的にインターネットが各家庭に普及するのは二〇〇一年あたり（六〇・五％）からだろう（二〇〇三年末には八八・一％に達する）。デジタル・メディアの隆盛を数字が表している。もはやインターネット・メディアがパッケージ・メディア全般を駆逐しようかという勢いだが、九五年当時は電話回線による転送速度の問題もあり、CD‐ROMは新鮮な商品だった。

この日、森高千里CD‐ROM「渡良瀬橋」の楽曲使用許諾についてJASRACへ相談に行った。

いきなり余談だが、東京の昔の町名って素敵だったなあ！　あそこは西新橋じゃなくて昔は芝 田村町だったんだ。結婚直後まで住んでいた六本木周辺でも、龍土町に材木町、綺麗な名前だなあ！　復活してほしいなあ！　土地の名前にはその土地の記憶が染みついているんだ。勝手に変えてほしくない。ひとの記憶はそう簡単に変わらないもの。芝 田村町も思い出深い地名で、学生時代にはじめてプロのレコーディングスタジオでレコーディングした「飛行館スタジオ」やよく行った広島料理のレストランなどなにか親しみのある場所だった。

一九八二年にオーディオCDが生産されるようになって一〇年ほど経つ頃になると、米国ではパーソナルコンピューターの普及とともにCD‐ROMというパッケージソフトが商品化されるようになっていた。そんな状況をいち早く気づかせてくれたのは、デビュー前のデモテープでの出会いから、アーティスト、サウンドプロデューサーとしても長いつきあいの戸田誠司氏である。黎明期から屈指のコンピューターフリークだった彼はゲームをはじめデジタルコンテンツに精通しており、ソロアルバムのレコーディングの合間に自身でCD‐ROMを作っていく様を目のあたりにできたことはとても刺激的な体験だった。

CD相当の音質をもちながら、映像やテキスト・データが共存している。楽曲のみならず、アーティストの魅力が多角的に表現されるのではないか。しかも、制作から流通経路まで、音楽業界とはまったく異なる、新しい世界の商品だった。

「これからはマルチメディア(いまでは死語に近いが)だ!」と思うと、一日も早く手がけてみたくなり、一九九五年にマルチメディア・デベロッパー、オラシオンに参加した。

そこでは、それまで「くるみ割り人形」「美しく青きドナウ」などクラシック系の音楽ソフトCD-ROM「Music ISLAND」シリーズの開発をしており、名曲に乗せた美しいアニメーションによる物語、音楽にちなんだゲームやクイズなど盛りだくさんの内容に、これまでの経験にはない新鮮かつ豊かな感性を感じていた。そこで、音楽アーティストのCD‐ROM第一弾として取り組んだ企画が森高千里の「渡良瀬橋」だった。

収録曲は、「渡良瀬橋」ほか全八曲。ビデオ・クリップ、インタビュー映像、メイキング映像、CFスポット、オリジナルイラストムービーなど盛りだくさんの内容で、森高ファン垂涎の一作だとの確信をもった。すでにある楽曲と貴重な映像が一枚のCD‐ROMに収まるのである。各作品の権利者を楽曲、映像ともに洗い出し、多くの権利をもつアップフロント音楽出版をスタートに交渉を開始し、著作権をはじめ各種権利処理業務と販売に関わる業務に走り回っていた。

そして、当時としては当然のこと、各楽曲の著作権はJASRACに管理委託されていたので、楽曲の使用許諾について交渉に向かった。それが一九九五年九月二十一日のことであった。

思い返せば、一九六九年に慶應義塾大学を卒業後、日本コロムビアに入社、オーディオ製品の営業で三年間秋葉原を走り回り、というのも、当時の秋葉原担当営業マンは全国各地から集結しており、新卒の営業マンはただひとり、何たってはじめてのことばかりにて「走り回る」ことが最大の武器だったたと記憶している。

その後、社内異動で本社部門からレコード事業部へ、これでついに音楽業界に身を投じてしまった。

着任した日にいきなり感じた違和感、それまでつねにスーツにタイの営業マンが、いまでいうクールビズ的な装い（というか、ゴルフウェアとでも表現すべきか）の宣伝マンのなかに飛び込んだのだからその違和感は格別だった。

とくに演歌や歌謡曲の世界はとてもじゃないがなじめない。宣伝マンから制作プロデューサーに転身するや、そもそも新し物好き、改革心旺盛だったことから、時代の変化に即対応、そのころ急成長を遂げつつあった「フォークだ！　ロックだ！　学生音楽だ！」といった叫びに共鳴し、企画書をつぎつぎ提出、奇跡的にヒットにも恵まれ、生意気さを増していった。

そんななかで業界内に存在感を示すことができた一曲、この曲がその後の人生を大きく変えたといってても過言ではない。

その曲こそ、庄野真代さんの「飛んでイスタンブール」である。

作詞は、そのころ売り出し中の、音楽ジャンルを超えた作詞家ちあき哲也（ご冥福を祈ります）、作曲は、音楽業界最大の恩師のひとりでもある筒美京平さんだった。

ちょうどこの時代、ＯＬ（少々お金を持った女性たち）が海外旅行に夢を託し、ニューヨークやパリはもちろんだが、ファッションとも結びつき、無国籍的なエキゾチズムの旅を求め、飛び立っていった。リオ、モンテカルロ、サンホセ……西なのか東なのか？　どこの国なのか？　そんな女性たちに受け入れられる作品をつくりたいと考えた。

そもそも庄野真代さんは、先輩プロデューサーがフォーク音楽祭で見つけ出し、そのあとを引き継ぎ制作を担当していた。デビューの際、ひと晩悩み抜いて書いたキャッチフレーズは「ジャズの臭い、褐色の声、愛を歌うシンガーソングライター！」だった。自作曲の心地よさはもちろんだが、そのボーカルの魅力には心底惚れ込んでいた。そこでなんとしても、時代をリードするヒット作品をつくりたいとの思いで、京平先生のところに駆け込んだ。

最初にできてきたタイトルは「イスタンブール狂詩曲」だったかと思う。それが京平メロディーとハーモニーし、褐色のボーカルが乗ったとき、「飛んでイスタンブール」が誕生した。

その後もつぎつぎとヒット作に恵まれ、仕事も思いどおりにすすめられるようになっていた。となると、音楽をつくるというプロデュース業務だけではなく、より広範囲のビジネス開発に興味は移っていった。簡単にいえば「だれがどうやって儲けるんだろう？」「著作権や原盤権って？」それらに関わる契約事など、以前から興味のあったコンテンツと権利ビジネスの勉強が急速に加速していった。

そんな頃、アメリカ西海岸でレコーディングをする機会がたびたび訪れた。著名なミュージシャンや音楽業界のスタッフと触れ合うなかで、レコード制作やミュージック・ビジネスにおいては「権利を有するものがコンテンツ・ビジネスを征する」といったイメージが頭のなかに広がり、憧れだったカリフォルニアの空の下、クリエイティヴな風に吹かれながら、なにか新たなビジネス感覚が生まれたような気がしたものだ。

もっとも、この頃学んだアメリカ式のビジネス感覚や権利ビジネスの考え方が、いつか役に立つとは思いもよらなかったが……。

話を戻そう。

音楽業界では、アーティスト（歌手）はレコード会社と専属実演家契約を、プロダクションとマネージメント契約を、音楽出版社と著作権譲渡契約を結ぶというのが一般的だ。契約の内容は、それぞれの力関係によってさまざまな取り決めが交わされるわけだが、アーティストが生み出す収益を最大化することに向け、レコード会社もプロダクションも音楽出版社も自らの立場で相互に協力しつつ努力してゆくというのが、基本的な構造である。

レコード会社とプロダクションは、アーティストの日常活動を三者一体となって支えてゆく。新曲をつくり、市場に送り出し、実演を通して収益の最大化を図るわけだ。

音楽出版社は、アーティストや作家が創作した著作物に係る権利すなわち著作権の権利譲渡を受け、楽曲のプロモートや管理業務をすることで、その利用が生み出す収益の一部を得る。この著作権譲渡契約によって、音楽出版社は著作権者となり、著作権管理事業者（当時はＪＡＳＲＡＣのみ）にその管理を委託するというのが一般的で、さまざまな権利利用に対する許諾を与え、その対価を請求する立場に立つわけだ。もちろん理屈としては、アーティストが著作権者としてすべての権利を保有し、直接著作権を管理することも可能だ。しかし、さまざまな実務を考えると、現実的ではない。

というわけで、森高千里のＣＤ‐ＲＯＭの企画をすすめるためには、その楽曲利用にあたって、著作権を管理しているＪＡＳＲＡＣを訪ねることになったわけだ。

しかし、じつはプロダクションやレコード会社、著作権者など権利会社との裏側の折衝ははじまっていた。よって、ＪＡＳＲＡＣとの話は著作権に関する使用許諾とその条件の交渉ということではあるものの、すぐに結論の出るものではないとの認識に立っていた。

音楽著作権の利用は、ラジオ、テレビ、映画などのマスメディアをはじめ、ＣＤなどパッケージ・メディアもふくめると、多種多様である。利用実態に照らして、ＪＡＳＲＡＣでは利用者団体との交渉によって、各利用形態別に使用料規程を設けている。しかし、技術革新によりつぎつぎと登場してきていた新しいデジタル・メディアに対応できなくなっていた。

ＣＤ‐ＲＯＭに対してもそうだった。

「使用料規程がないので即答できない」というのが、その日のＪＡＳＲＡＣ資料部の結論だった。「後日、回答します」ということで、その日は終わった。

それから、何日たってからか、その回答が届いた。

これには唖然！　ＪＡＳＲＡＣはＣＤ‐ＲＯＭに使われている映像に着目し、ビデオグラム（すなわちビデオテープ）の使用料規程を適用したのである。それによれば、規程のない部分は最低使用料を当てはめ、一曲一分につき七円、それに映像その他素材の使用料も加算し、販売価格を無視した使用料だった。

これでは、いったいいくらの価格設定をすればよいのか？　まるでそんな商品はつくるな！　といわれているようなものだった。それはおかしいだろう！　そもそもＣＤ‐ＲＯＭはビデオグラムではない。ＪＡＳＲＡＣはマルチメディアを理解していない。

このとき、頭のなかで、「カッキ〜ン！」と音がした。

「やらまいか」

生来の気性か、新たな可能性、未知の展開、ときには乗り越えられないのではないかと思われるほど困難な見通しを前にすると、「やらまいか」すなわち「やってやろうじゃないか！」という闘志がむくむくと湧いてくる。

これがいまから二十年前のことなんて……ということは二十歳若かったってことかあ？

第二章「オット!」ここでJASRACについて勉強です

そもそもJASRACとは何か。

一九三二(昭和七)年七月二十二日、ウィルヘルム・プラーゲ博士と名乗るドイツ人が日本放送協会(NHK)を訪ねてきた。英独仏伊墺五カ国の音楽著作権管理団体カルテルならびに録音権のみを管理している著作権管理団体BIEMの委任を受けた代理人であると立場を明らかにしたうえで(東京在住とかで日本語は達者であったらしい)、今後ヨーロッパの音楽家の作品をラジオ放送するにあたっては、しかるべき著作権使用料を自分に支払うように要求した。この年、ラジオの聴取者が百万人を超えた。プラーゲ博士の提示額は、楽曲一曲につき最初の三分が二十円、その後三分きざみで十五円。女子事務員の平均月収が三十円という時代である。

NHKが頭を抱えたことは想像に難くない。その年の暮れにかけて交渉が重ねられ、同年八月一日から月額六百円で年間七千二百円の包括契約（一曲ごとに請求せず、まとめ払い）、それ以前にさかのぼる一年間分として二千円を一括して支払うことで合意した。

日本で著作権法が制定されたのは、一八九九（明治三十二）年のことである。欧米諸国と交わされた不平等条約に永年頭を抱えていた明治政府は、ヨーロッパ諸国との不平等条約撤廃と交換に、著作権法制定時にベルヌ条約への加盟を選択せざるをえなかった。

このベルヌ条約（正式には「文学的及び美術的著作物の保護に関するベルヌ条約」）こそが、今日にいたるまで加盟各国の著作権法の礎となっている基本条約である。著作物が創作されたときに、著作権が自動的に発生する〈無方式主義〉や、加盟国の国民たる著作権者は他の加盟国においてもその国の著作権者と同様にその権利が保護されるという〈内国民待遇〉など、著作権の基本的な枠組みが定められている。

一八八六年に国際著作権法学会の会長だったヴィクトル・ユーゴーの発案と尽力によって作られたこの条約は、たびたび改正されているが、一九二八（昭和三）年のローマ会議で、当時の新メディアであったラジオに関して改正条項が加えられ、放送権が認められた。日本はこのローマ改正条約を批准し、一九三一年に著作権法も改正しているので、プラーゲ博士の主張は法に適ったものであった。

しかし、一九三二年にNHK東京局が日本の著作権者に支払った使用料は千五百円たらずであり、プラーゲ博士に支払われた七千二百円に比べ、あまりにも少額ではないかと、大日本作曲家協会会員らはおおいに不満だった。

さらに翌一九三三年にはプラーゲ博士は月額六百円を千五百円に値上げすると要求。さすがにNHKもこの横暴ぶりには業を煮やし、ほぼ一年間外国曲の放送をやめた。その後、交渉の結果千円で妥結したものの、年額一万二千円と、日本人作曲家との差は広がるばかり。しかも、プラーゲ博士の活動は精力的で、数々の訴訟も辞さなかった。容赦なく闘うひとであった。

一九三七（昭和十二）年、プラーゲ博士が大日本音楽作家出版者協会を設立するにいたって、風雲急を告げることになった。同協会は日本の音楽家の海外における著作権管理を業務とする団体だったが、日本独自の音楽著作権管理団体を創設すべしという機運がにわかに高まった。

この年の暮れから、翌年夏にかけて、内務省を中心に著作権保護団体設立への動きが活発化した。半年の間に十二、三回の準備協議会がもたれたというから、あわただしい話である。

そして一九三九（昭和十四）年十一月十八日に作曲家、作詞家、演奏家らを中心に設立総会がもたれ、十二月二十日、〈社団法人大日本音楽著作権協会〉が内務大臣の認可を受け正式に発足した。ＪＡＳＲＡＣの前身である。一九四八（昭和二十三）年に〈日本音楽著作権協会〉と改名、一九五七（昭和三十二）年に同協会定款が変更され、英文名称を正式に〈Japanese Society for Rights of Authors, Composers〉、略称ＪＡＳＲＡＣとなった。

また、同じ一九三九年十二月十五日に施行された著作権ニ関スル仲介業務ニ関スル法律（仲介業務法）により、大日本音楽著作権協会は同月二十三日に許可申請を提出、二十八日に許可された。プラーゲ博士の大日本音楽作家出版者協会は二度にわたり著作権仲介業務の許可申請をするも、内務省は「音楽分野では一団体に限る」方針であることを理由に許可が下りることはなかった。一元管理のルーツはここに端を発するのである。

その後、半世紀以上にわたって、ＪＡＳＲＡＣの音楽著作権管理事業の独占はつづく。

当時、日本はドイツと友好関係にあったとはいえ、プラーゲ博士排斥の動きは確かなもので、博士が満州に設置した「東亜コピライト事務所」を違法として摘発、同事務所の女性スタッフは東京へ強制送還され、長期にわたる留置に堪えられなくなり自殺するという痛ましい出来事があった。そして、第二次世界大戦がはじまり、一九四一（昭和十六）年十二月の日米開戦を機に、プラーゲ博士は傷心を抱えたままドイツへ帰国した。

ＪＡＳＲＡＣは発足当初から内務省（戦後は文部省、現在は文部科学省）とは密接な関係にあり、あるときは外圧から守られ、また国内では独占的に著作権管理事業を担う立場を強固なものにしてきた。

管理業務の主な内容は、著作権使用の許諾、著作権使用料の徴収と分配である。その実務を円滑に遂行できるようにするため、著作権は契約期間中、ＪＡＳＲＡＣに信託譲渡されるという仕組みになっている。すなわち、ＪＡＳＲＡＣは著作権が使用されるさまざまな場面で「著作権者」として振る舞えるのである。ＪＡＳＲＡＣの著作権信託契約約款により、その管理を委託した権利（大きく分ければ、演奏権等、録音権等、貸与権、出版権等）に関しては、ＪＡＳＲＡＣの名において、使用を許諾し、使用料を徴収でき、侵害行為に対しては訴訟を起こすこともできる。

著作権使用料に関しては、著作物使用料規程を定め、文化庁長官に届け出なくてはならないが、利用形態別の詳細な使用料規程により、使用料と管理手数料が請求、徴収されることになっている。

さらに著作物使用料分配規程によって、楽曲の権利者（多くは音楽出版社。ただし、「出版社」といっても、多くは出版物などをつくるわけではなく、著作権者から権利の管理委託を受けているにすぎない）に分配する（その先、音楽出版社が著作権者に使用料を分配することを「再分配」という）。

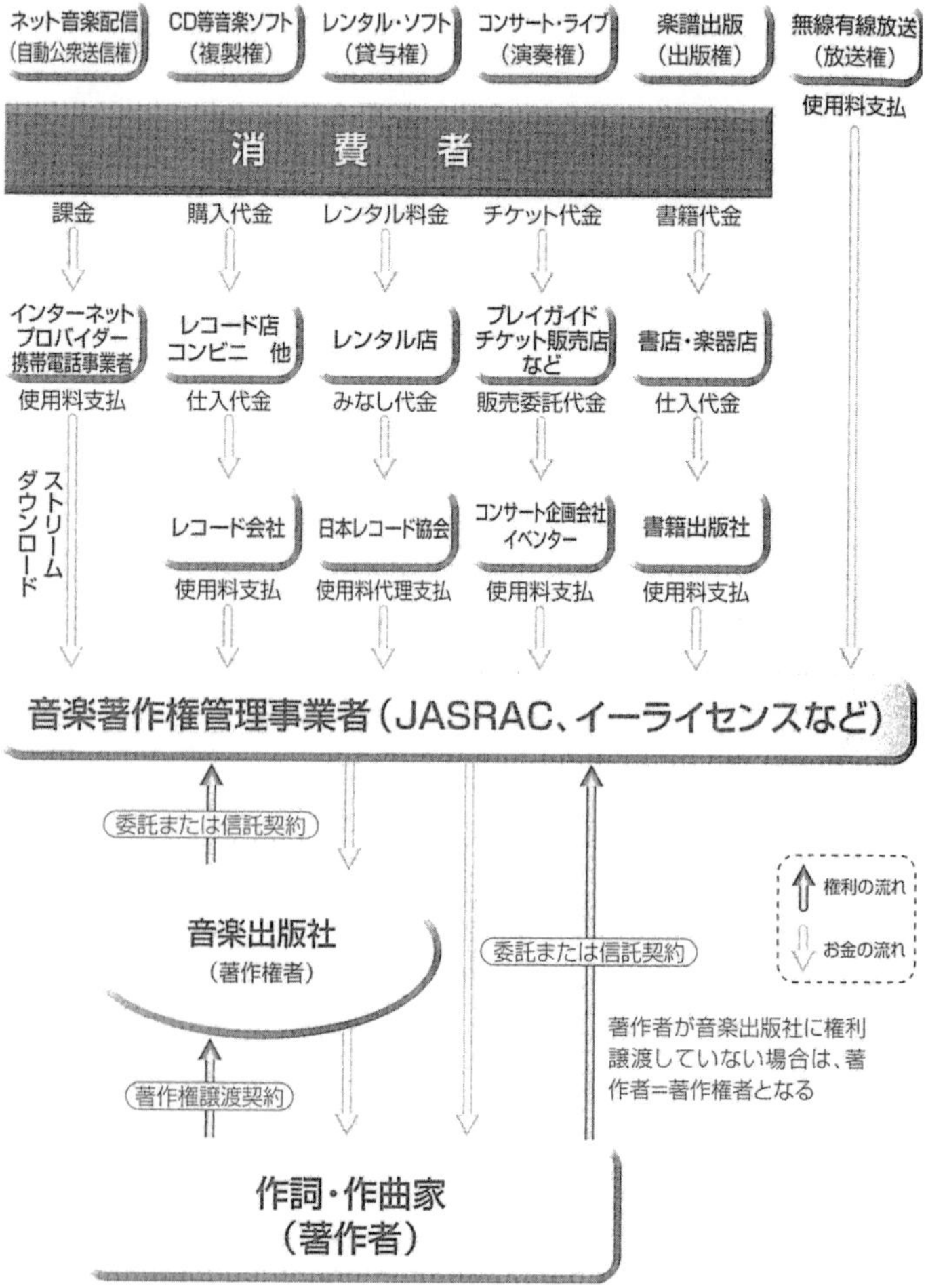

音楽著作権使用料徴収の仕組み（現在）

この七十六年間に音楽著作権利用の機会は、飛躍的な進歩と拡大をつづけ、設立当初はせいぜいレコードか出版、映画、ラジオ放送、有線放送くらいしかなかったのが、テレビ放送、貸レコード、BGM、カラオケ演奏、業務用通信カラオケ、ビデオ、パソコン・ゲーム、CD - ROM、着メロ、動画や音楽配信サイト……と新ジャンルが続々と開発され、使用料規程の策定が追いつかないほどだ。JASRACは巨大な収益マシーンと変貌していったのである（音楽業界や出版界が不況にあえいでいるなか、二〇一四年度には四年ぶりの高額ということで、一一二四億九四八三万三三三六円を徴収、一一一四億一三九七万三六七九円を分配。AKB48がだいぶ貢献したようだ。信託契約数一万六九七七件、管理作品数は国内一四〇万作品、海外一八六万作品というのが最新の数字だ）。

さて、話を「渡良瀬橋」CD - ROMの一九九五年に戻すと、このときはまだ仲介業務法に則って、JASRACはそうした業務を独占的におこなっていた。すなわち、著作権者（多くの場合、音楽出版社）は、JASRACと信託譲渡契約を結ぶしか選択肢はなかったのだ。また、信託契約を結べば、著作権はJASRACに移転するので、たとえ著作権者といえども、自分のライブで歌う自作曲の利用許諾をJASRACに申請しなくてはならないし、個別の利用許諾に対して成否を決めることはできない。

ということからすれば、プロダクションやレコード会社はともかく、音楽出版社から直接使用許諾を得るなんてことは非常識とも思える手法だった。しかし、マルチメディアのように変化の速い分野では、革新的な製品をいち早く出すことが重要だ。ＪＡＳＲＡＣとまともに交渉していたら何年かかるのだろう？　といった業界内の考え方もあり「いつまでも待ってはいられない」と、独自の商品企画に基づき、じつはプロダクションやレコード会社、音楽出版社など権利会社と裏側の折衝を先行したのである。

政治家が大好きな言葉に「是々非々」というのがあるが、ＣＤ‐ＲＯＭというマルチメディアをビデオといっしょくたにするような乱暴な対応に従うわけにはいかない。ここは是々非々主義でフェアな対応を求めたい。しかも新しい可能性を秘めた市場を築こうという矢先に、その可能性の芽をつむような対応は断じて許せない。

そこで文化庁著作権課に意見を求めると、「たしかにＣＤ‐ＲＯＭのようなデジタル商品は単純にビデオとはいいにくいのではないか……」と答えながらも、じゃあどうすればいいいのか、という段になると「ノーコメント」だ。唯一の提示は「利用者団体との協議で進めるしかない」との見解だった。文化庁？　担当者？　「まったく期待できないな！」というのが率直な印象だった。

このときの担当者（著作権専門員）は、この後につづく著作権課とのやりとりすべてに関与し、犬猿の仲にして、永遠の宿敵、因縁の天敵となった。

最近まで、いろいろな会合やパーティでも顔を合わせることがあったが、いつも「カドのある無意味な会話」を楽しんだものだ。

当のＪＡＳＲＡＣは「協議に応じる余地は十分にある」という発言をくりかえしつつも、いっこうに着地の目処はつかない。何年かけたら気がすむことやら。ダメだな、これは。

こういうときは、アメリカ式だ。ビジネス最優先だ。音楽業界も新しいメディアの登場に期待するものがあったのを恃みに（まさかiTunesがＣＤを駆逐するような時代がこの先待ち受けているとはだれも思わなかったし）、権利者各社との交渉をすすめ、十一月十一日には、主要な楽曲の権利をもつアップフロント音楽出版に利用許諾を確認、販売会社の選定などビジネス的な仕組みは出来上がった。著作権使用料については、定価の一・五％を各権利者に対し、曲数按分で支払うことで内々の合意がとれた。

そして、十二月二十日、森高千里「渡良瀬橋」ＣＤ‐ＲＯＭは定価四九〇〇円（税抜き）で発売された。

第三章 「ガンガン」と打たれて杭も強くなる

じつは、CD‐ROMという商品は、二十一世紀の初めにはあらかた姿を消してしまうことになる。CD‐ROMの七倍ものデータ量が格納可能なDVDの登場とともに、プログラミングされたデジタル・データは、パッケージに収めておくよりもオンラインで購入、利用されるほうが圧倒的に便利だし、合理的だった。新世紀を迎える頃には、インターネットの高速化、大容量化、メモリやハードディスクなどをはじめハードウェアの進歩と低価格化がすごいスピードで進み、みるみるデジタル情報をやりとりする環境は発展を遂げた。

とはいえ、一九九五年の時点では、デジタル宇宙がビッグバンの兆しを見せはじめた頃であって、新規格商品としての魅力は十二分にそなえていたのである。一九八〇年代後半から一九九〇年代は、アメリカで生まれたMTV（ミュージック・テレビジョン）がポップ・シーンでの強力なプロモーターとして二十四時間ビデオ・クリップを流しつづけ、若者たちの音楽の楽しみ方も変化し、ビジュアル要素が必須となり、目と耳で音楽を享受するようになっていた。そうした変化にもCD‐ROMは十分に応える力をもっていた。

問題は、JASRACが使用料を算定するにあたって持ち出した「ビデオグラム」というカテゴリーにはあたらないという点である。六十分のビデオはリニアに六十分という内容を再生するが、音楽、画像、文字データなどあらゆる情報をプログラミングしたCD‐ROMはリニアに内容が収録されているわけではなく、あくまでプログラムによってユーザーが情報を選択する仕組みになっているわけなので、全体の情報量のなかで音楽著作権が及ぶ部分を正確に特定するのはむずかしい。

納得できる使用料規程が存在しないのであれば、双方が納得する暫定的な基準を示してほしい。著作権使用料を払わないといっているわけではない。実際、音楽出版社とは一定の料率で合意がすすんでいるのだから。問題は、音楽出版社とJASRACの間に信託譲渡契約が結ばれている以上、音楽著作権の権利者として許諾を与える立場にあるのはJASRACだけ、だからこそ、暫定的でもよいので許諾を出してほしい。

JASRACとしてもなんとか使用料を徴収したい。一九九六年に入ってからも、協議を重ね、状況説明書や提案書を提出したが、いっこうに埒は明かない。

そんななか、松竹映画のデータをまとめたCD‐ROM「キネマの世紀」などコンテンツホルダー側とは多くの共同企画が持ち上がっていた。翌九七年十月には、中島みゆきCD‐

ROM「なみろむ」が完成した。この「なみろむ」は、全三百十七曲を収め、中島みゆきワールドの一大データベース（キーワードを入力すれば、その言葉が歌詞に出てくる楽曲を検索できたりするのだ）として企画されただけに、JASRACの算定によれば、楽曲音源だけで七円×平均二分×三百十七曲＝四千四百三十八円となり、その他の使用料も含めると、なんと予定価格の六〇％近い数字になってしまった。

いよいよJASRACとの溝は深まったのである。

ところで――。みゆきさんの制作（モノをつくること）へのこだわり。当たり前ですが、これがすごい！

これまで担当した数多くのアーティストのみなさんのみならず、ユーミンさんや桑田さん、拓郎さんに大滝さんと素晴らしい仕事に携わって来られた人間として、それぞれに「本物」感はあるものの、とにかくみゆきさんはすごい！　コンセプトへのこだわりがすごい！　写真一枚の選択にかけた時間もすごい！　本物のアーティスト、本物のクリエイター、とにかく「本物」に触れた感触はつねになにかを与えてくれた。教えてくれた。感激です！

「なみろむ」の制作に追われていた頃かと思うが、一九九七年六月十日付けでJASRACの映像部から、「森高千里CD‐ROMに関する著作権手続きの督促について」という督促状が届いた。

〈拝啓　時下益々ご清栄のこととお慶び申し上げます。／さて、貴社制作の標記CD－ROM（「渡良瀬橋」：製品番号ORRX－1001　小売価格4，900円　発売日1995年12月20日）においては当協会が管理する音楽著作物が使用されております。／しかるに貴社におかれましては、標記CD－ROMに関して事前に当協会に音楽著作物使用許諾申請を行なわず、当協会に無断で管理著作物を複製のうえ頒布されましたことは、甚だ遺憾であります。／当協会はこれまで貴社に対して、管理著作物の使用に際しては当協会を通して使用許諾申請手続きをされるよう再三に亘りご説明してまいりましたが、現在に至るも本件処理はなされておりません。／つきましては、本件の重要性を認識され、来る6月17日までにご来会のうえ本件に関する手続きを終了されますよう本書をもってご通知申し上げます。敬具〉

重要性は十分認識しているが、協議に進展がないなか、この督促状にどんな意味があるのか疑問は増すばかりだった。そもそもなぜ一年半もたってから督促状が届いたのかも謎だ。

その頃、同様の事態がゲームソフトにおける音楽著作権についても起きていた。こちらは一九九六年の段階ですでに団体間交渉に入っており、JASRACとコンピュータソフトウェア著作権協会（略称ACCS）は、八月三十日に以下の二点を確認することで合意していた（なにも決まっていないが）。すなわち、①新たな委嘱曲（社内スタッフによって制作された楽曲）については、既成曲（外部の権利者が権利を有する楽曲）との違いを認識したうえで、使用料規程に取り込む方向で協議する。②既成曲の複製使用料について、一分三円は高額にすぎるとの認識をもっており、今後も協議をつづける。つまり、ゲームソフトのBGMなり、テーマ曲は、プレイ中つねに鳴りつづけており、これは従来のどの基準にもあてはまらないのは明白である。ゲームソフト制作会社は、開発の全工程（開発費）における、音楽制作（制作費）が占める割合に応じて料率を算出できないかと考えていた。

デジタル・メディアにおける音楽著作権のあり方の特異性を顕著に表している。

翌九七年になると、ＪＡＳＲＡＣがＡＣＣＳに対して改定案を示したが、これが前年の合意をまるで無視したかのような内容であったので、七月二十八日付けでＡＣＣＳ理事長名にてＪＡＳＲＡＣに意見書が送られている。

意見書では、ＪＡＳＲＡＣ改定案に遺憾の意を表明したうえで、あくまで合意内容に沿った協議の継続を希望し、委嘱曲は従来どおりＪＡＳＲＡＣの非管理とすべきであり、既成曲については包括使用許諾方式を評価しつつも、小売価格の〇・三〜〇・五％を逆提案、個別使用許諾方式についても一分一円を提案している。また、著作者から事前同意を取りつけることには同意しつつも、手続きの簡略化と、できればＪＡＳＲＡＣがその手続きをおこなうことを求めている。ここでも隔たりは埋まっていなかった。

さらに問題が広がるなか、マルチメディア・タイトル制作者連盟（略称ＡＭＤ・現デジタルメディア協会）やネットワーク音楽著作権連絡協議会（略称ＮＭＲＣ）といった利用者団体すべてに加盟することにより、オラシオンは多方面からＪＡＳＲＡＣとの協議と交渉の場に参加していた。もはや単にＣＤ‐ＲＯＭにおける問題ではなく、アナログからデジタルに移ったメディア全体での著作権問題に発展していたのである。

一九九七年の夏になると、マスコミがこれらの問題を取り上げるようになった。八月十八日付け日本経済新聞では、《制作会社　音楽出版社と直接交渉》とタイトルを打ち、本来音楽著作権はＪＡＳＲＡＣが一元管理している以上、「異例の直接権利交渉」と報じ、ＣＤ‐ＲＯＭの音楽著作権料問題を取り上げた。〈協会主張は定価の六十％…〉〈中島みゆき作品などで２％弱に引き下げ〉と見出しをつけ、ＪＡＳＲＡＣの主張の隔たりを印象づけ、〈デジタル時代を迎えて、著作権法自体が「ＣＤ‐ＲＯＭやＤＶＤなど新媒体の定義を明確にしていないことに根本的な原因がある」と指摘する関係者は多く、小手先の交渉よりも時代に対応した法整備を望む声は強い〉と記事を結んでいる。

また、十日後の八月二十八日付け日経産業新聞は《新媒体に揺れる著作権》というタイトルで〈ＣＤ‐ＲＯＭはビデオか否か〉と見出しをつけた。記事は〈マルチメディア分野の中堅・ベンチャー企業は企画力が勝負だけに、いつまでも待ってはいられない。そこで「あえてＪＡＳＲＡＣを逆なでする戦略に出た」と業界関係者は指摘する〉と業界紙らしい書きぶ

制作会社 JASRAC

CD－ROMはビデオか否か

新媒体に揺れる著作権

適用なら定価の6割使用料

DVDに影響も

歌手、中島みゆきのコンサート風景などで構成するCD－ROM作品を十月に発売するCD－ROM制作会社と、音楽著作権を一元管理する日本音楽著作権協会（JASRAC）が著作権使用料の規定をめぐり、対立している。CD－ROMにビデオの規定を当てはめるJASRAC式の単純計算では、著作権料は定価の六〇％になる。音楽CDでは定価の一五％程度が採算ラインだけに、会社は反発しており、九月初めにもJASRACは日本レコード協会などとCD－ROMに関する対応策を協議する。音楽著作権保護の枠組みが、マルチメディアビジネスのスピードに追いつけない現状が浮き彫りになった。（小林辰男）

オラシオンが過去に音楽出版社と直接交渉でCD－ROMを発売した森高千里の「渡良瀬橋」

問題になっているCD－ROMは、オラシオン（東京・渋谷、三野明洋社長）が発売する中島みゆき「なみろむ」。コンサート画像のほか、デビュー以来の三百十七曲を収録する計画で、「マルチメディア時代を先取りした企画」との評価もある。価格は音楽CDアルバムの三倍程度の七千八百円と割安な価格で発売する予定。

企画の成立危うく

ところが、JASRACの規定をそのまま適用すると高額の著作権料を支払わなくてはならず、関係者らは企画の成立を危ぶんでいる。

JASRACはCD－ROMに対してビデオの規定を暫定的に適用している。同規定に従えば、CD－ROMの製造枚数にかかわらず一曲一分まで八百円の基本使用料がかかるほか、一枚ごとに一曲一分あたり七円の使用料を支払う。中島みゆきの作品に同規定を単純に当てはめると、使用料は定価の六〇％程度になるという。

音楽CDでは、著作権料にアーティストの印税なども加えた各種の権利処理に要する費用は、定価の一五％程度。この水準がビジネスとして成立する限界といわれる。

オラシオンから全曲を収録したCD－ROMを出す中島みゆき

JASRACがCD－ROMを暫定的にビデオと見なす説に対しては、文化庁著作権課も「単純にビデオとはいいにくいのでは」と指摘する。プログラムやデータも大量に収録されているCD－ROMは再生時間がとらえきれない。再生時間がきちんと把握できるビデオとは性質が異なるというのが一つの判断だ。商品化が本格化するDVD（デジタル・ビデオディスク）にしても、同様の問題が発生しかねない。

文化庁「単純には言えず」

一方、JASRACにはCD－ROMに関する明確な規定がないと主張するオラシオンは「現在のところJASRACに管理する権利がない」と判断、アーティストと著作権の譲渡契約を結んでいる音楽出版社と直接交渉した。この場で決めた著作権料は「常識的な範囲」（三野社長）として、定価の二％程度になった模様だ。

直接交渉で関係悪化

同社はこれまでにも、歌手森高千里のCD－ROMなど二作品で、音楽出版社と直接交渉している。

実は、この直接交渉が、JASRACとの関係をこじらせている。著作権料については「規定に基づいて協議に応じる余地は十分にある」というJASRACの中野真木夫映像部長だが、オラシオン－出版社の直接交渉に対しては「無効」と言い切る。

「音楽著作権の処理する権利は、法律上JASRAC以外にない」というのが、その理由だ。仲介業務法では音楽の著作権管理は、現在のところ、文化庁の認可を受けたJASRAC以外できないからだ。一度、楽曲の管理をJASRACに任せると、著作権者が自らの著作権を行使する権限は、事実上なくなる。

この場合、音楽出版社の使用許可があっても、オラシオンは簡単に利用できない、ということになる。JASRACは「中島みゆきの作品については、何の相談もない。過去の二作品ついても権利処理は終わっておらず無断録音物になっている」と主張する。

「あえて逆なで」

マルチメディアのような変化がはやい分野では、革新的な製品をいち早く出すことが欠かせない。だが、「JASRACとまともに交渉したら数年はかかる」（業界関係者）という。オラシオンなど、マルチメディア分野の中堅・ベンチャー企業は企画力が勝負だけに、いつまでも待ってはいられない。そこで「あえて、JASRACを逆なでする戦略に出た」と業界関係者は指摘する。

文化庁やJASRACも、従来の著作権料の規定では対応できないとの認識を持っている。音楽著作権を一元管理するJASRACのあり方が、マルチメディア時代にふさわしいのかどうか。許認可による一元管理よりも、「米国のように二、三の管理団体があってもよいのでは」という意見は、利用者だけでなく、著作者側にも根強くある。

マルチメディア時代の著作権問題の象徴として、CD－ROM問題が投じた波紋は、広がりを見せている。

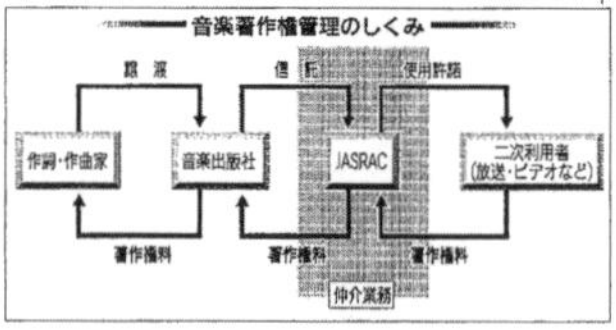

《新媒体に揺れる著作権》1997年8月28日付け日経産業新聞より

りだ。さらにつづけて、〈文化庁やＪＡＳＲＡＣも、従来の著作権料の規定では対応できないとの認識を持っている。音楽著作権を一元管理するＪＡＳＲＡＣのあり方が、マルチメディアにふさわしいのかどうか。許認可による一元管理よりも、「米国のように二、三の管理団体があってもよいのでは」という意見は、利用者だけでなく、著作者側にも根強くある〉と問題を掘り下げ、〈マルチメディア時代の著作権問題の象徴として、ＣＤ－ＲＯＭ問題が投じた波紋は、広がりを見せている〉と結んでいる。

森高千里「渡良瀬橋」が投じた問題は、中島みゆき「なみろむ」で問題をさらに先鋭化させ、波紋は大きな広がりを見せはじめたことは間違いなかった。

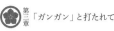

日本経済新聞の記事に関して、ＪＡＳＲＡＣから呼び出しがあり、八月二十六日に出かけていった。ＪＡＳＲＡＣはこの年の一月に、新橋の細長い？ビルから代々木上原の立派な新ビルへすでに移転していた。古賀政男音楽博物館（けやきホールという貸しホールもある！）に隣接した七階建ての本社ビルである。支部が全国に十数カ所（二〇一五年現在十六支部を数える）あるというから、大組織だ。三、四年ほど前か、テレビで「七十七億円の古賀財団への無利子融資決定の経緯に疑惑がある！」と大騒ぎしていたのは、このビルのことだったか……見上げていてもしょうがない。覚悟をきめてドアをたたいた。

さて、用件は簡単にいうと、使用料規程をつくるまで暫定的に保証金を請求するので、それを納付することで無許諾利用状態を解消せよとの由。ＪＡＳＲＡＣの許諾がないまま商品が市場にあることが、とにかく許せないのだろう。

九月九日付けでＪＡＳＲＡＣ映像部長・中野眞木夫名で「音楽著作物使用許諾契約の締結について」という文書が届き、「渡良瀬橋」ソフト一枚につき百六十円、「ALICE IN WONDERLAND」ソフト一枚につき二百二十円、さらに発売予定の「なみろむ」に関してもソフト一枚につき一千六百円を保証金として九月三十日までに納付するよう通知してきた。また、この保証金は正式な著作権使用料ではなく、後日使用料確定のあかつきには精算処理をするとある。そして「なみろむ」については、合意なき場合は、発売日を延期せよとの申し入れが記してあった。

この期におよんで、こんな中途半端な解決に応じるわけにはゆかない。そこで、九月二十四日付けで返事を送った。そこでは、再三の協議にもかかわらず、マルチメディア・タイトルにビデオグラムの使用料規程をあてはめることになんら合理性が認められないこと、納得のゆく説明がないこと、権利者とはこれまでにない新規デジタル商品という主旨から直接交渉し許諾を得たうえで著作権使用料も支払っているが、なんら苦情も問題もないこと、さらにはゲームソフト制作会社が権利者と直接交渉することは容認しているではないか、当該ＣＤ－ＲＯＭはビデオグラムよりは、よほどゲームソフトに近いソフトウェアではないか……

などなど述べて、「保証金」算定の根拠について納得のゆく説明を求めた。

この中野眞木夫氏、送られてきた資料の上ではまるで対峙する存在になっているのだが、後述の私的録音補償金管理協会（当時、事務局次長）との交渉など、何かと交渉ごとの相手方にいる存在だった。しかし、交渉ごととしては対峙しつつもつねに紳士的で、決して威圧感を感じさせないその人柄には、個人的にも助けられた感を強く持っていた。できればちがった立場でお付きあいしたかったひとのひとりである。

翌二十五日に文化庁を訪ね、著作権課にＪＡＳＲＡＣとの協議内容について意見交換をしたが、文化庁としては関与せずと一蹴された。

同日、ネットワーク音楽著作権連絡協議会（略称ＮＭＲＣ）は、ＪＡＳＲＡＣと第一回協議会をもった。二十九日にはＪＡＳＲＡＣと直接の協議、三十日にはＡＣＣＳとＪＡＳＲＡＣが協議（部分的合意事項あり）。

十月一日にはＪＡＳＲＡＣより、前回同様の内容の督促状が届き、三日に前回同様の返答を送った。不毛のやりとりである。

同日マルチメディア・タイトル制作者連盟（略称ＡＭＤ）はＪＡＳＲＡＣに協議申入書を提出。六日、十三日とＪＡＳＲＡＣと再度直談判（「渡良瀬橋」に関しては、権利者との直接交渉で確認済みの一・五％に対し、三・二六％と四・五八％と具体的な数字が提示され、それぞれの間での妥協点をさぐることになった）。

十五日にはＮＭＲＣとＪＡＳＲＡＣが第二回協議会をもち、十六日にＪＡＳＲＡＣと再度協議、翌日「なみろむ」がＪＡＳＲＡＣとの合意なきまま発売された。

二十七日にはＮＭＲＣとＪＡＳＲＡＣが第三回協議会をもち、三十日にはＡＭＤがＪＡＳＲＡＣと第一回協議会をもち「総再生時間の特定できないソフトに管理楽曲を使用する場合の取り扱いについて」なる文書を提出、これをめぐり議論。ゲームとの線引き、オープン価格商品への対応など問題続出……とあわただしくさまざまな協議がもたれたものの、なにも決まらない。

そんななかで、二十一日の日刊工業新聞の《著作権の集中管理　法的規制には反対》というタイトルの記事で、〈著作権の管理を国や行政が法的規制を持って集中的に行うのではなく、民間ベースの自由競争を可能にして権利者の選択肢を増やすべきだ〉という日本パーソナルコンピュータソフトウェア協会（略称ＪＰＳＡ）竹原司会長の談話を紹介し、〈（同協会が）法的規制による著作権の集中管理について反対してゆく意見書を文化庁を通じて「著作権審議会：権利の集中管理小委員会専門部会」に提出すると発表した〉と報じた。ＪＰＳＡは集中管理のメリットは認めるものの〈法的規制の必然性は別次元の問題であるとし、法的規制がデジタル化、ネットワーク化の拡大で実現する自由なコンテンツの流通や利用を妨げることを心配する〉と主張している。是々非々論である。

ＪＡＳＲＡＣと音楽著作権使用料をめぐって合意できないでいるが、問題はどの料率で合意するかというような数字の交渉ではなく、著作権管理のあり方、ＪＡＳＲＡＣによる一元管理の是非、法的規制の妥当性といった、もっともっと深い部分へと掘り下げられていった。これは今後のデジタル時代における日本の著作権ビジネスのありようにも大きく影響を与える問題になっていった。

さらに十一月一日付け日経産業新聞で《デジタル時代　変わる権利ビジネス》というシリーズ記事の第八回で対立するふたつの立場から意見を聞いている。

ＪＡＳＲＡＣの加戸守行理事長は〈利用価値で決めるべき〉という見出しがついた記事のなかで、〈使用料規定が明確に決まっていない段階で先に事業を始めてから、著作権料が高いというのは議論の順序が逆ではないか〉とけん制したうえで、〈音楽のようなソフトの場合、ハードの技術革新で利用価値が落ちたわけではない。著作権料は作品そのものの利用価値を基本に決められるべきだ〉〈単純な価格連動で著作権料も決めることは、著作権者の利益を守る立場から受け入れにくい〉〈マルチメディアビジネスが黎明期で収益も上げていないうちは、何らかの配慮は必要だろう〉と理解を示しつつも〈運営方法を工夫すれば集中管理はデジタル時代にも十分に通用する効率的な方式だろう〉と自信をのぞかせた。
それに対し、〈二元管理に柔軟性を〉という見出しがついたのは、ＡＭＤ顧問弁護士の枝美江弁護士の意見。〈アーティストは曲の管理を（ＪＡＳＲＡＣ）に信託すると、許諾の権限はなくなる。アーティストの許諾を得ても、ＪＡＳＲＡＣと交渉する必要があるが、はっきり規定が決まっていない。意見の分かれるのは著作権侵害ではなく、著作権の管理方法にある〉〈米国は著作権保護には熱心だが、個々の契約で著作権料を収入や利益に応じて柔軟に決めるケースもあり、多様性がある〉〈日本も複数の管理団体が認められたり、アーティストの意思で演奏権だけＪＡＳＲＡＣに委託できるといった、もう少し個々の契約でも対応できる面を認めてもよいのでは〉と提案し、〈新しい分野が育たないと、結局著作権者のビジネスチャンスが小さくなるだろう〉と締めくくっている。

こうした対立点を際立たせたまま、一九九七年も暮れてゆくなか、ＡＭＤをはじめ各利用者団体にも参加しているので、当然ＪＡＳＲＡＣとの協議にはＡＭＤ代表として出席してきたのだが、この期におよんで、ＪＡＳＲＡＣ側が名指しで出席を拒否してきたり、十二月十八日にはＪＡＳＲＡＣから保証金納付を促す督促状が再度届いたりと、ＪＡＳＲＡＣにはすっかり疫病神扱いされるようになってしまった……。

そして、十二月十九日付け朝日新聞四面の「論壇」に《自由な著作権市場の形成を望む》と題された文化庁著作権審議会委員を務める松田政行弁護士の投稿が掲載されたのである。

これはほぼひと月前の同じ「論壇」に掲載された弁理士会副会長の本庄武男氏の《知的財産権の集中管理を》と題する意見に対し、真っ向から異論を唱えたものだ。

〈我が国では今、公衆送信の基盤整備が急務となっている〉としたうえで、こうした新時代で有力視されているデジタルコンテンツの著作権をどう管理するか、議論は緒についたばかりで、方向性も決まっていない。著作物の集中管理には行政機構が法規制によって管理する方法と民間の自由な活動に任せる方法とがある。ときどき機構による一元管理方式を主張する意見が出てくるが、〈それは、これまでの行政による産業分野の調整に慣れた人々が、我が田に水を引くような意識で行政庁関与による一元管理論を持ち出すからだ。その意見の根拠は「国民の便益」または「行政の効率化」だが、本当は国民のためにも税金の節約にもならない〉とばっさり断言した。〈（一元管理は）国の財政ですべき仕事ではない。膨大な著作物の種類と量を考えると一元管理はできない。企業、作家などの自由な経済活動にゆだね、音楽、絵画、文芸などの分野ごとの集中管理化促進こそが、いま望まれる国の施策なのだ〉としたうえで、さらに本質的な問題を指摘する。すなわち、

〈文化は電気やガスと違う。同一条件で供給されれば良いというものではない。作者は自分の考え（思想）や伝えたい芸術家としての感情を作品に著しているのだから、作品に対する

名誉や取引上の扱いを決定することが保障されなければならない。今こそ作者やその団体は新しい社会システムの構築を前にして、積極的に発言していかなければならない〉

この結論にいたっては、ハッパをかけられているようで、読みながら身体が熱くなった。

そして、〈著作権を含む知的財産権の集中管理を行政庁が関与する機構によって一元的に登録し管理することは、経済的活動の視点（規制緩和、行政改革）からも文化的視点（作者の発表の自由）からも反対である〉と結んであった。

松田弁護士は著作権審議会・権利の集中管理小委員会専門部会に委員のひとりとして、第一回（一九九五年七月二十八日）から出席していて、この投稿の時点で第八回（十一月十九日）まで開かれており、そこではそれまでの各関係団体からのヒアリングもひととおり終えて、アンケートの結果について事務局から説明があった。さらには、日米で仕事をしており、国際的な知見も深い作曲家の坂本龍一さんを近くお呼びしてお話をうかがえると思う、といった報告もされている。なお、同専門部会は第二十一回（一九九九年七月五日）までもたれ、その間の議論と調査をもとに「中間まとめ」をつくっている。

その後翌二〇〇〇年の第十一回権利の集中管理小委員会まで「中間まとめ」に整理された問題点をめぐって討議され、同小委員会の報告書がまとめられた。その詳細は後述する。

すべての議事要旨も「中間まとめ」も文部科学省ホームページから閲覧可能だ。

ここでみられるように、権利の集中管理の問題点は「渡良瀬橋」のCD－ROM発売以前から、デジタル時代を迎えた著作権法の世界では大きな話題となっていたのである。

さまざまな問題をはらみながら、年は巡り、その後も九九年へ向けて、GLAYのプレステ版CD－ROM「COMPLETE WORKS」やサザンオールスターズのDVD－ROM「SPACE MOSA "SPACE MUSEUM OF SOUTHERN ART"」などを世に送り出していくこととなる。

第四章　「やらまいか」独占ＪＡＳＲＡＣに挑戦状

一九九八年が明けてからしばらくは、目立った動きはなかった。前年の十一月以降、ＪＡＳＲＡＣに対する風当たりが強くなったのを思うと、嵐の前の静けさを感じさせた。もっとも、目の前の仕事がなくなったわけではないので、急に暇をもてあますようなことはなかったが。

二月に入ると、七日から二十二日まで長野で冬季オリンピックが開催され、スキージャンプやスピードスケートでは金メダル獲得とあって、おおいに盛り上がり、学生時代からのめり込んでいたスキーのアルペン競技に一喜一憂していた。

三月四日付けの朝日新聞の「論壇」に坂本龍一氏の《音楽著作権の独占管理改めよ》と題された投稿が掲載された。一九八七年の映画「ラストエンペラー」はアカデミー賞九部門ノミネートで全部門受賞（作品賞、監督賞、撮影賞、脚色賞、編集賞、録音賞、衣装デザイン賞、美術賞、作曲賞）という快挙を成し遂げた。それまでもYMOの活動や映画「戦場のメリークリスマス」で知られていた坂本氏だが、この作曲賞受賞で一躍世界的名声を得て、日本を代表する音楽家として認められ、九〇年頃からは活動の拠点をニューヨークに移していた。アメリカの著作権管理団体と自ら交渉し、国際的に活躍の場を拡げていることから経験や知識も豊富だ。

〈JASRACに仲介業務を委託する場合、例えば演奏権だけの仲介を委託したり、著作者が著作権の一部を留保したりすることは認められていない。著作権のすべてを信託譲渡することになっており、競争原理が全く働かない状態になっている〉〈このように自由競争が全く行われない状況では、著作権者と利用者双方の求めるサービスが、適正価格で迅速に提供されることは望めない〉と現状の問題点を指摘したうえで、インターネットをはじめ〈今後の技術革新に伴い様々な新しいサービスが生み出された場合にも、その実用化が困難になると予想される〉とし、〈JASRACによる独占的な集中管理体制は、音楽産業の発展を阻害する状況となっているのである〉と断じた。

解決策としては、〈複数の団体の参入を可能にする競争原理を導入し、利用者にも著作権者にも選択の幅を与えるようにする〉ことと、著作権の一括信託譲渡しか許さない現在のシステムは、自由競争の阻害ばかりか著作者の自由を奪うものなので〈管理団体に委託する権利の内容は、著作者が選択できるようにすべきである〉と提案している。

こうした著作者の自由ほど重要なものはなく、〈文化的な豊かさは、作者の精神的自由が保障されないところにはあり得ない〉と強調した。

最後に〈私は、このような危機感を持っており、二月二十五日、文化庁著作権審議会の集中管理についての小委員会でも、参考人としてその是正を求める意見を述べた。著作権管理業務に公正な競争を導入し、新しい時代の文化の創造に適した環境が作られるよう願ってやまない〉と結んでいる。

「教授」は、明快な論旨でJASRACの独占支配に異を唱えている。

実際に、一九九八年二月二十五日、午前十時から開かれた著作権審議会・権利の集中管理小委員会専門部会（第一〇回）議事要旨によれば、ヒアリングを受けた坂本氏は、

「北米での演奏権は、ASCAP（米国作曲家作詞家出版者協会）と契約しており、契約をするときにも先方から会いに来たし、市場原理が働いていることを実感している」

「具体的に言うと、放送と演奏はJASRACに管理してほしいが、それ以外は個人や個々の出版社でもできるのではないか。将来的には集中管理はなくなってゆくと思う」

「（著作者としては一定の収入を保障されたほうがいいか、それとも自由を保障されたほうがいいかと問われ）激しい競争をアーティストとして生き抜いてゆくのはたいへんだが、自由が保障されているほうがいいと思う」

「ＪＡＳＲＡＣには、信託者に対するサービス、一作家一協会主義などの点で不満がある。競争原理が働けば、委託者のニーズのある団体だけが生き残ることができるので、管理団体の在り方としては、そちらのほうが健全だと思う」

などと発言している。自身の経験と実感に裏打ちされた意見だった。

坂本龍一氏の現状の著作権管理に対する危機感は、翌年二月にメディア・アーティスト協会（略称ＭＡＡ）の設立へとつながるが、それはまた後述するとして、この朝日新聞への投稿はおおいに影響力もあったし、励みにもなった。

この時点で、集中管理は著作権者の自由を奪うものであり、デジタルを中心とした新しいメディア時代の音楽産業の発展を阻害するものとして位置づけられたのである。

となれば、つぎの一手はなにか。

膠着状態にある保証金請求問題は不毛なやりとりがつづくばかりだ。

この頃、走り回った結果として集まった情報をもとに、つぎになにをなすべきかの検討に苦慮していた。そんななか、ここでやらなければならないつぎの一手はＪＡＳＲＡＣの著作権管理の独占に待ったをかけることだ、という結論が心をよぎった。具体的には現行の仲介業務法に則って、著作権管理仲介業者として許可申請を提出する――。

というのも、その頃回を重ねていた著作権審議会権利の集中管理小委員会専門部会では、一元管理を良しとする守旧派が優勢だという情報分析が耳に入ってきていた。法改正におよばずという意見が主流をなし、旧態依然たる仲介業務法にこだわるよりも、新時代に適応した新法を制定したとしても事態は変わらないだろう、現にこれまで許可申請は一度たりとも提出されたことはないんだし、複数管理を可能にして競争原理を導入したところで、ＪＡＳＲＡＣと競争しようという業者なんかいるのかね――というわけだ。たしかに、リスクとコストを考えれば、そのとおりかもしれない。翌年には提出を予定していた「中間まとめ」を前にこの意見にうなずく委員のほうが多いということだった。しかし、だ。このことが久しぶりに「やらまいか」精神にスイッチを入れてしまった。

「おう、だったら仲介業務法に則って、許可申請を出してやろうじゃないか！」

そこで、それまで別事業を運営していた法人の事業目的を改編し、ミュージックコピーライトエージェンシー（略称ＭＣＡ）という音楽著作権管理会社をつくり、三月に入ってから文化庁へ電話をした。

「仲介業務許可申請を出したいのですが、書式があれば教えてもらえませんか」

文化庁としても、虚をつかれた問い合わせだったのだろう。なにしろ、一九三九年十二月十五日に施行されて以来、特殊な例を除き、許可申請書が提出されたことすらなく、書式もへったくれもなかったのだろう。戦後の占領政策下において、ＧＨＱの許可を得てフォルスター事務所が一九七四年まで外国著作物ならびに音楽著作権の管理業務を行っていた以外は現ＪＡＳＲＡＣが独占的に管理業務を行ってきたのである。ともあれ前例のないものはこの世に存在しないというのがお役所の考え方らしい。

何度かのやりとりがあって、「定められた書式がないのであれば、一般的な申請書の体裁で提出します」ということになった。顧問弁護士の先生と相談しながら書き上げた申請書を持って虎ノ門の文化庁を訪ねたのは、三月三十一日の午後二時だった。

出てきた担当者は、許可申請書の正本は受け取らずに、コピーを手に取り、「これは私見ですが……」と切り出した。こちらは〈正式に〉申請に来たのだけれど、なぜいきなり〈私見〉から話がはじまるのかわけがわからなかったが。「昭和四十二年の著作権審議会の答申を前提とするしかないですね。そこに『公益法人が望ましい』とある以上、あなたのような株式会社が申請しても許可される可能性はなく、申請自体がムダですよ。この関門を突破できないかぎり、この申請書の内容について協議することは無意味なんです。しかも現在著作権審議会でこの件は審議中です。その答申を待つべきだ。仲介業務法をどうするかもふくめ検討中だということだ。だいたい、趣旨説明等話し合いもなしに、いきなり申請書を持ってこられても困る」

「それは文化庁の公式見解ですか?」

「いや、文化庁の公式見解を求めてもムダです。申請自体がムダだと言っている」

「仲介業務法では法人でも個人でも申請可能なんじゃないですか? 現行の仲介業務法が許可制をとっているのに、なぜ許可申請が受理すらされないのですか?」と聞くと、

「法律論でいえば、たしかに受理せざるをえないが……申請書のフォーマットがこれじゃあ困るんだなあ」と言って渡した申請書のコピーを机の脇に投げた。

いまでも鮮明に覚えているが、この瞬間、またまた頭のなかで「カッキ〜ン」という音が大音量で響き渡った。

「フォーマットについては何回も問い合わせたのですけどね。こちらの書式でかまわないという回答でした。だったらちゃんと指導してください」

「たしかに公式のものはないんですが、その対応は事務官の未熟さといわざるをえません。過去の例を参考にして、あらためてこちらから連絡するので、それに従って書き直してください」

「なにを言ってもムダだ、受理できない」から「だったら後日書き直して持って来い」に変わった。

なんとも不思議なやりとりだったが、「簡単に受理するわけにはゆかないが、下手な対応もまずい、対応に時間をかけよう」と考えたのだろう。担当官（前述「第二章」で登場する

著作権専門員、当然面識もあった）もこれまでの経緯を知らないわけがなく、「うーむ、こうきたか……弱ったな」くらいの感想はあったのだろう。

いずれにせよ、話はかみ合わないし、頭にきてもしょうがない（いや、本当は頭にきっぱなしだったのだが）ということで、その日はいったん引き上げた。

それにしても向こうが真っ先に持ち出した「昭和四十二年の著作権審議会答申」とは何なのか。社へ戻ってから徹底的に調べてみた。そこにはただ一行、〈仲介業務において、演奏権管理については、公益法人が望ましい〉とあった。しかし、昭和四十二年というのは、現行の改正著作権法が昭和四十五年に施行された三年も前のこと、この一行がいまだに効力を持っているのか、またその解釈をだれが判断するのか、疑問が頭を駆け巡った。担当者にとってはそんな疑問も重々承知のうえの指摘だったからこそ「私見」と断ったのかもしれない。しかしこちらが引き下がらないのをみて、法律的な判断に立たざるをえないと考え、とりあえず一歩引き下がったのではないかと思えてきた。

後日届いた申請フォーマットとやらは、こちらが用意したものと大差なく、ほとんど影響のないほんの数行に修正を施したものだったことが、「やらまいか」精神にさらに油を注いだことはいうまでもない。

この申請書受理されずの一件は、四月二日付け朝日新聞に《独占ジャスラックに60年目の初挑戦》という記事になった。許可申請の真意と、文化庁が申請受理を拒んだ経緯がまとめられ、ＪＡＳＲＡＣの独占がいかに新時代の技術革新に追いつけない事態を生んでいるかを解説したあと、記事の終わりでは、〈著作権法の視点からではなく、独占禁止法上の問題で、「一社が仲介業務を引き受けていていいのか」との指摘もある。米国には複数の著作権管理団体が存在する。複数社が市場で競争しないと、著作権料の価格の高低や、ジャスラックの経営内容が健全かどうか、チェックできない、という主張だ〉と、独禁法違反ではないかという意見も報じられていた。

さらに〈現在の加戸守行理事長は、かつての文化庁次長。過去にもジャスラックの要職に文部省出身者がつくことがあったことから、「天下りの受け皿」と批判する関係者もいる。九四年には、ジャスラックが無担保で「古賀政男音楽文化振興財団」に七七億円余の融資を計画し、会員が強硬に抗議した〝事件〟もあった〉と書いた。

この記事にコメントを寄せていたのが、横浜国大教授（当時）の村上政博氏である。独禁法の専門家だ。《文化庁は許可するのが筋　米国では独禁法違反の訴えも》という見出しが目に飛びこむ。アメリカでの複数管理や著作権の個別管理について言及し、〈多岐にわたる権利を一括して信託譲渡しなければならない、現行のジャスラック方式は、行き過ぎだろう〉としている。〈ジャスラックの取る経費は適切か、役員の人数が多すぎないかなど、無競争

独占ジャスラックに60年目の初挑戦

音楽著作権の管理仲介業に第2の名乗り

「開かずの間」の扉に手をかける会社が現れた。戦前から現在まで、日本音楽著作権協会（ジャスラック）が独占していた著作権管理の仲介業に「参入したい」と言う。長年続いた業界秩序に異を唱える動きを、果たして文化庁は許可するのか。波紋は広がりそうだ。
（近藤康太郎）

焦点は新技術への対応

「許可の申請書式を出したいので、書式を教えてほしい」

今春、文化庁に電話をした。四カ所たらい回しにされた。結局、「分からない」という回答だった。許可申請する会社など、これまで皆無だったからだ。

音楽ソフト会社社長の三野明洋さんは、弁護士と協議して一から書式を作り、三月三十一日、音楽著作権の管理仲介業の許可を正式に文化庁に申請した。

CDやラジオ・テレビ放送、カラオケなどで私たちが楽曲を購入、または利用する時には、著作権使用料を音楽家らに支払っている。音楽家の代わりに一括して集めている団体が、「社団法人 日本音楽著作権協会（ジャスラック）」だ。

♪～♪

著作権の仲介業務は、「著作権に関する仲介業務に関する法律」で、文化庁長官の許可を受けなければならない、とされている。一九三九年に制定された同法に基づき、仲介業務の許可を文化庁から受けたケースは、ジャスラック以外にこれまで一度もなかった。戦後の超法規的な特例を除き、日本に著作権管理団体が複数あった試しはない。

「コンサートや放送番組で、ABCD四曲を使うとして、それぞれが別の仲介業者だったら、利用者は不便でしょう。一団体に許諾を求めれば済んでしまう方が便利」（斉藤勝雄・ジャスラック総務）と主張するように、確かに今まではジャスラックの集中管理方式がうまく機能していた。

問題は、ここ数年の激しい技術革新だ。ローリング・ストーンズや坂本龍一がコンサートの模様をインターネットで流した。コンピューターを通じて音楽家が直接、購入者に楽曲を売る構想も現実味を帯びている。音楽に映像やテキストが一体となったCD-ROM、DVDといった新メディアも次々登場している。

♪～♪

三野氏らが中心になって設立する「ミュージックコピーライトエージェンシー株式会社」（松本憲一社長）は、「第二のジャスラックを作るのではなく、ネット配信やマルチメディアなど新技術の使用料について、ジャスラックを補完する存在としての仲介機関を作りたい」という発想だ。

「ジャスラックの著作権使用料規定には、CD-ROMやインターネット配信について、明確に定めた規定がない。映画やビデオの規定など過去の規則を援用して乗り切ろうとしている。それではとてもビジネスにはならない」（三野氏）という。

三十一日、申請を受けた文化庁は「前例がない。過去の例を調べて、近々、返答したい」として、申請書の受理を拒んだ。

昨年来、新しい規定について経済団体とジャスラックとの間で協議の場が設けられてきた。が、三野氏の主張によると、きわめてスローペースの交渉。「ところが、いったん経済紙に報道されると、急に態度を変えて頻繁に会合を重ねる。業者軽視もはなはだしい」。そんなうっぷんもあるようだ。

著作権法の視点からではなく、独占禁止法上の問題で、「一社が仲介業務を引き受けていていいのか」との指摘もある。米国には複数の著作権管理団体が存在する。複数社が市場で競争しないと、著作権料の価格の高低や、ジャスラックの経営内容が健全かどうか、チェックできない、という主張だ。

♪～♪

現在の加戸守行理事長は、かつて文化庁次長。過去にもジャスラックの理事に文部省出身者がつくことがあったことから、「天下りの受け皿」と批判する関係者もいる。九四年には、ジャスラックが無担保で「古賀政男音楽文化振興財団」に七十七億円余の融資を計画し、会員が強硬に抗議した"事件"もあった。

これに対してジャスラックは「複数管理団体は決して利用者のためにならない。ドイツ、イタリアも著作権は一団体が管理している。フランスも事実上は一社。日欧では一団体集中管理が主流で、米国流は世界ではむしろ特殊」（斉藤総務）と反論している。

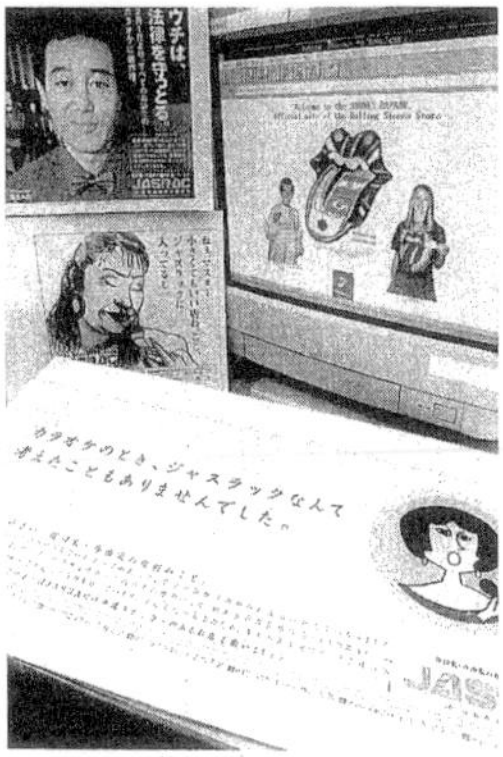

貸しレコード業界をうっちゃり、カラオケ業界を寄り切ったジャスラック。インターネットなど新技術の攻勢をかわせるのかどうか

文化庁は許可するのが筋
米国では独禁法違反の訴えも

村上政博・横浜国大教授の話

利用者の便宜を考えると、著作権を管理する団体が乱立する必要はないが、著作権法上も実態から見ても、ジャスラックだけが独占する必然性もない。

米国の場合、ASCAPとBMIという、二団体が著作権を管理しているが、それでも司法省、放送局に独占禁止法違反で訴えられてきた。複数社あっても、音楽家間の価格協定という観点から、厳しい目が注がれているのだ。

そのうえ忘れてならないのは、米国の場合、「音楽家側は、著作権を一括して管理団体に信託する必要はない。音楽家が、個別に放送局など著作物の利用形態や料金などを契約しても構わない」という条項が、司法省との同意判決により結ばれていることだ。多岐にわたる権利を一括して信託譲渡しなければならない、現行のジャスラック方式は、行き過ぎだろう。

ジャスラックの取る経費は適切か、役員の人数が多すぎないかなど、無競争の独占団体だけでは、こうしたチェック機能さえ働かない。だから、音楽家に配分されている著作権使用料も、本当に適切なものなのか、判断できかねる。

管理業務に名乗りを上げる新会社ができてきたのなら、文化庁はあまり時間をかけずに許可するのが筋だろう。複数競争の結果、仮にうまくいかなくて最終的にジャスラックだけが生き残ったという事態になっても、著作物の権利者も利用者も、損はしないわけだから。

ジャスラックをめぐる主な出来事

1899年	ベルヌ条約創設規定に加盟
〃	著作権法施行
1939年	著作権に関する仲介業務に関する法律施行
〃	社団法人大日本音楽著作権協会設立
48年	社団法人日本音楽著作権協会（現ジャスラック）に名称変更
80年	貸しレコード店登場
84年	ジャスラックが貸しレコード店への許諾業務開始
94年	ジャスラックが古賀政男音楽文化振興財団に77億円を無利子融資
97年	ジャスラックと通信カラオケ業者との著作権使用料交渉が決着

《独占ジャスラックに60年目の初挑戦》1998年4月2日付け朝日新聞より

る著作権料も、本当に適切なものなのか、判断できかねる〉と問題点をえぐってみせていた。

四月八日、再度提出したＭＣＡの仲介業務許可申請は正式に受理された。

第五章　「ズシン！」と重く降ってきた友人たちのアドバイス

文化庁に仲介業務許可申請書を提出したのは、生来の「やらまいか」精神に触発されただけの行為ではなく、いまだからこそいえることだし、現在にいたる結果を予測などできるわけもなかったが、それなりには計算があっての「一手」だった。

この頃、大学の同期など友人ふたり、某テレビ局の報道部長と一大政治スキャンダルで手腕をふるった弁護士、彼らに思いきった相談をぶつけていた。ふたりとも外野から客観的な目で鋭いアドバイスを投げかけてくれた。彼らがくれた厳しい指摘は、それを聞いたときには、思いも寄らないものだったが、よくよく考えると、怖さも隠れたインパクトがあり、的確で、かつ優しさをも感じる、友人だからこその「指摘」だった。

すなわち、ＪＡＳＲＡＣに対抗するのであれば、

①仲介業務法を改正するか、新法を創設すること。

②その法に守られながら、一社だけではなく複数の事業者の新規参入を前提とすること。

③新規参入にあたっては、社会的に認知度が高い大手の事業者の資本参加と事業連携を必須条件とすること。

将来的なその実現に向かってゆくための最初の「一手」が許可申請書の提出だった。六十年前に施行された仲介業務法が「許可制」をとっている以上、一元管理を良しとする文化庁の許可を取りつけるのは、至難の業といっていいだろう。とはいえ、特例を除いて、過去に例をみないという申請を今申し入れることは、許可されようがされまいが、文化庁に揺さぶりをかけることにはなる。とりわけ、仲介業務法の存続をめぐって議論が交わされている著作権審議会に対して、それなりに影響力を持つにちがいない。それによって、①をめぐる議論が急速に進展する可能性は限りなく大きくなるだろう。審議会における現状維持の守旧派が主張する「これまで申請者が登場していない」との点は一挙に風向きを変えるだろう、そんな計算が頭のなかをグルグルと音を立てて回っていた。

そして、いよいよこれからは、ふたりがアドバイスしてくれた①から③までをなんとしても具現化するためのロードマップを描かなくてはならない。

いやあ！　たいへんだぞ～！　と覚悟はしていたが、この時点では、音楽著作権管理業者として新規参入をめざすといっても、なにもＪＡＳＲＡＣと真っ正面から互角に張り合おうなんて思ってもみなかった。あくまでＪＡＳＲＡＣが使用料規程すら整備できていないデジタル化商品の著作権を管理しようということだ。マルチメディアやインターネットなどの分野で業務をおこない、ＪＡＳＲＡＣを補完する存在となればいいと考えていた。

ところでこれまでの議論のなかで、焦点が「集中管理」の是非におよぶと、ＪＡＳＲＡＣ側が繰りかえし持ち出すのが、「ヨーロッパでは、ドイツやイタリアをはじめ一元管理でやっている国がほとんど、世界のなかでも、アメリカの複数団体による管理というほうがむしろ特殊だ」という話である。

これは、ヨーロッパ式かアメリカ式かという二者択一の議論ではない。

それに著作権法はその根底に著作権者の権利の保護と、著作物の利活用という、ともすれば矛盾する命題を内包していて、折にふれ、それが問題化するのは当然だともいえる。ガチガチに権利が保護されれば、著作物は流通しにくくなるし、著作物が自由に利用されるとき、そこでは権利は軽視されるだろう。著作権者がその著作物の利用から公正かつ適正な対価を得て、さらに新たな創作行為に取り組めるようになるのが理想であり、そこには著作権者の自由が担保されていなくてはならない。しかし、この「公正かつ適正な」運用ほどむずかしいものもない。

著作権法の長い歴史をもつヨーロッパでは、著作権の保護に軸足が傾きがちだ。現在もなお世界基準であるベルヌ条約自体が、世界文学史上の大作家ヴィクトル・ユーゴーが中心になってその骨子をつくっただけあって、作家の権利を出版社や印刷所からいかにして守るかという発想が根底にある業法としての性格が強いものだ。ただし、一八八六年に創設された条約である。その後著作権がおよぶ範囲は拡大し、デジタル時代の著作権はベルヌ条約に照らせば、おおいに混沌とした状態のなかで、各国が自国の著作権法改正に追われている。なにしろ著作権者といえば、作家、学者、芸術家を指した十九世紀と、インターネット上にさまざまな著作物が存在する二十一世紀では、同じものさしで測ろうというほうが無理だ。

アメリカでは、著作物の効率的な利活用に軸足が傾くことのほうが多い。フェア・ユース規定や、クリエイティヴ・コモンズのように、著作物の利用によって社会的利益がもたらされるとき、また、ビジネスが飛躍的に拡大し国益ともなるとき、そんなときに著作権者の権利がいかに保護されるべきかという視点が用意される。ハリウッドに代表される映像産業、巨大な市場を持つ音楽産業、グーグルやアップルが牽引するＩＴ産業などでは、とりわけ新たなメディアの勃興期には、権利の保護と利用をめぐる議論が熱く交わされてきた。近年のミュージック・シーンでいえば、ヒップ・ホップの世界でのサンプル・ミュージックを例にとっても、著作権法がひとつのジャンルの表現を違法なものとして封じ込めかねないほど、複雑にして微妙な問題が提起されている。模倣か、コピーか。引用か利用か。創作の自由か、権利の保護か。

デジタル化の波が世界を襲ういま、ヨーロッパ、なかでもフランスとドイツは、アメリカに覇権を握らせまいと自国の情報文化の保護を最優先にグーグルやアップル、アマゾンと闘っている。日本はアメリカの強い影響力の下にあるので、経済政策ではアメリカに追従している側面が大きい。

そもそも世界最大のコンテンツ輸出国であるアメリカに日本はとても太刀打ちできないことは自明だ。だからこそ、デジタル化による新しい市場が立ち上がるいま、日本は冷静かつ迅速に、著作権をめぐる法制を真剣に点検し、時代に即応してゆくべきではないのか。

文化庁はきわめて重要なポジションに立っていながら、その自覚がないのか、あるいは自意識過剰で身動きがとれないのか、その対応力ははなはだ心もとない、といわざるをえない。

四月八日の許可申請受理の後、十五日に文化庁から補足資料を提出するよう指示があり、審査基準などについて連絡があった。

四月十六日には、日経産業新聞に《ネット上の著作権管理　MCJが受託事業》と別の新規参入者MCJを報じた記事が出た。

四月二十二日には朝日新聞に《著作権料設定でルール作り難航》と題して、インターネットによる楽曲データの配信サービスをはじめたミュージック・シーオー・ジェーピーが、アメリカにサーバーを置いていることを紹介し、日本ではＪＡＳＲＡＣがデジタル配信の著作権料規程を定めていないことから、日本にサーバーを置いてサービスをおこなえない現状を指摘していた。

前年九月二十六日に合意した通信カラオケの著作権料規程をたたき台にＮＭＲＣ（ネットワーク音楽著作権連絡協議会）とＪＡＳＲＡＣが協議中と伝えているが、通信カラオケ業者は、〈基本使用料（月額）と、店からの収入の一〇％を著作権料として払う〉ことになっているので、それと同条件をインターネット音楽業者にも求めていて、これにＮＭＲＣは反発し、基本料金なし、販売価格の四・五％を主張している。交渉は長期化しそうだと伝えたうえで、記事の最後を〈コンテンツ・ビジネスで先を行く米国は、著作権問題をうまく解決し、ハリウッドの映画や音楽を世界中に売って利益を上げている。日本では、著作権が大きな足かせになりつつある〉と締めくくった。

五月七日付け日経産業新聞では《マルチメディア著作権のあり方》というタイトルでＪＡＳＲＡＣ理事長の加戸守行氏とＮＭＲＣ代表世話人の佐々木隆一氏の意見を紹介した。

さすがにＪＡＳＲＡＣによる一元管理体制がコンテンツ・ビジネスの弊害になっているとの声に押されているためか、加戸氏の反論は〈産業育成の視点も考慮〉という見出しがつけられているものの、これまでと変わらない反論が繰りかえされているだけで、いささか歯切れが悪いように読めるのは気のせいだろうか。

いっぽうの佐々木氏は来年制定百年を迎える著作権法の制度疲労を指摘したうえで、なかでもコンテンツ・ビジネスの発展を阻害している〈仲介業務法を撤廃、もしくは全面改正すべきだ〉とし、日本の音楽ビジネスの後進性を述べたうえで、海外に音楽配信サーバーを置くなど、〈これはいわば、国家間の情報戦争だ。これに勝てば、世界中から著作権料が入ってくるのに、（日本の権利者団体は）既存の枠組みを維持するだけの守りに入っている〉と批判した。さらに〈マルチメディアビジネスに関連した著作権の問題などを処理する仲裁委員会のような第三者機関を設立すべきだ〉と提案している。この提案は最近の電子出版権をめぐって、出版界で議論された出版ＡＤＲ（裁判外紛争処理）構想と同じ発想である。建設的な提案として歓迎したい。

問題はつぎつぎと表面化してきた。

第六章　大きな壁に小さな穴「冷酒も旨し」

著作権審議会・権利の集中管理小委員会専門部会の二十一回に及ぶ議事要旨によれば、仲介業務法の見直しについて本格的な議論がはじまったのは、一九九八年の一月三十日に開かれた第九回からである。それまでは主に関係団体からのヒアリングに費やされ、ときに仲介業務法の適用範囲についてだとか、著作権法上の独占禁止法適用除外範囲について議題となった回があったが、規制緩和と仲介業務法見直しの議論は別のものだという共通認識が委員の間にあったようだ。

四月十七日に開かれた第十一回では、冒頭より仲介業務法の見直しについて議論がすすみ、ＪＡＳＲＡＣの信託譲渡契約約款に話がおよぶと、歴史的背景として同法創設当初のプラーゲ旋風に触れ、〈外国では、演奏権と録音権を分ける事例もあるが、ＪＡＳＲＡＣの場合、設立の発端となったプラーゲ旋風などへの対応を考えると、そのときに演奏権と録音権をいっしょに管理する必要があった。そのような歴史的なことが、いまのＪＡＳＲＡＣの信託契約約款に影響しているのではないか〉と事務局が解説しているのが興味深い。

さらに後半では、〈ミュージックコピーライトエージェンシー株式会社から四月八日付けで仲介業務許可申請が行われた件について、事務局より報告が行われた〉とあって、〈JASRACに信託していない権利者から受託するのであれば問題ないが、JASRACに信託している場合は、JASRACとの間で重複が生じるのではないか〉という委員の発言が残されている。それに対して事務局は〈文化庁としてもそのことも含め、業務内容や経理状況等に関する資料の提出などを踏まえて、きちんと審査のうえで処分を決めたい〉と答えている。

その後第十四回まで集中管理の定義にはじまり、その必要性、規制の必要性の有無、分野ごとの検討、業務の実施、使用料の額などに対する規制が議論されている。

十月二十六日の第十五回には、それまでの議論をふまえた事務局による中間まとめ（たたき台）に対する委員らの意見が交換された。この中間まとめ（たたき台）について第十九回まで五回にわたって、各委員からの意見を聞き取っている。

この第十五回のおしまいに次のようなやりとりがあった（○は委員、●は事務局）。

〈ミュージックコピーライトエージェンシー株式会社からの仲介業務許可申請の取り下げについて、事務局より報告があり、つづいて質疑応答が行われた。その概要は以下のとおり。

○：再度申請があるのか。
●：内容的には、準備不足だった感がある。業務範囲をふくめて見直しもしたいし、資本関係なども再度洗い直したいということで、あらためて申請されるものと思われる。
○：この委員会の動向を見定めながら取り下げたという趣旨の新聞報道がなされていたが、そういった事実はあるのか。
●：そのように先方が感じているのかもしれないが、何も聞いていないので、文化庁ではわからない〉

四月八日に仲介業務許可申請を提出してから、六月三日と七月九日に同申請に係るヒアリングがあった。そのころの感触では、むずかしい状況であることは否めないものの、じつにさまざまな情報、憶測が飛び交った。著作権審議会委員も務める某有名弁護士が「今回の申請はつぶすべきだ。別の組織による申請を推進する」といったかと思えば、霞ヶ関情報として「許可せざるをえない、と文化庁は判断している」という推測があったかと思えば、ＪＡＳＲＡＣ寄りの某音楽出版社社長は「残念でしたね」といっているとか。

当面、そうした周囲の雑音にまどわされずに、新しいプランに集中しようと考えはじめていた。つまり、ＭＣＡの十分な運用資金確保のために増資を図る、取締役に権利者代表として社会的にも認知度の高いひとに就いてもらう。たとえば、坂本龍一氏、角川歴彦氏、山科誠氏……とか。正式なオフィスの体裁を整えるなどなど、現実的なプランを考えて、実質的に運営力のある組織へと再編成させよう。そのためには、許可申請の現状をいったん凍結させたほうがいい。

暑いさなかに、八月十一日、九月十七日、九月二十一日と、文化庁著作権課を訪ね、吉田大輔課長と意見交換をするなかで、このアドバイス（というか、提案？）が決定的なひと言となった。それは「来年七月には著作権法施行百年となり、著作権審議会も何らかの規制緩和に向かうだろう。それを待ってほしい！」という内容だった。これは「許可せざるをえない」と考えていた文化庁が申請を却下するのではなく、申請者から取り下げるという結果にすることで双方のメリットを生み出そうとしたのではと推測する。

いま考えると、当初の目的である審議会へのインパクトという意味では、一定の成果をあげ、かつ、文化庁も顔が立つ着地だったのだろう。

九月二十二日に文化庁にその旨を通知。二十五日に取り下げが受理され、書類の還付を受けた。その経緯が専門部会で報告された。

当初は、前例のない許可申請を提出すること自体に意味があった。ＪＡＳＲＡＣも一元管理が揺らぐかもしれないという脅威を現実のものとして感じたはずだ。実際に反響は大きかった。

しかし、その後の文化庁とのやりとりのなかで、単に許可が下りてから管理事業の運営を考えるのではなく、前述の友人たちのアドバイスをなんとしても成立させ、本格的な著作権管理事業のあり方を真剣に考えはじめたのである。

たとえば、十月九日付けの日本経済新聞は、この取り下げを報じた記事のなかで〈著作権審議会の専門部会で「著作権に関する仲介業務法」が見直されることになったことに対応、より広範な音楽ソフト全体の著作権を管理する事業者として、来年度にも再申請する考え〉とした。専門部会での委員の発言はこの記事を指している。

九月三十日、ＪＡＳＲＡＣの加戸守行理事長が退任した。翌年一月の愛媛県知事選に出馬の意向を固めた。後任人事はもめたようで、小野清子新理事長が正式に決まったのは、十一月一日だった。著作権法の著書も多数ある加戸氏の後任としては、元オリンピック体操選手は、この時点で参議院議員を二期務め、中央教育審議会委員の経験がある文部省筋の人脈とはいえ、いささか迫力には欠けた。

いきなり、古い話で恐縮ですが、小野清子氏は大学時代の体育の担当教員だったのだ。東京オリンピックで活躍し、直後に慶應の体育の先生に就任していたのである。いやあ！　格好良かった！　若くて、スタイル抜群、その時代では珍しいタイトな（ぶかぶかではない）

ウェアに身を包み、男子大学生の憧れ的な存在だった。懐かしいなあ！

十一月十三日の第十六回の冒頭で、ある委員が〈これまでに専門部会で出された意見を聞いたかぎりでは、もっと緩やかな規制にすべきだとする意見が今後の方向性であったと思う。中間まとめの全体的なトーンは、著作権制度審議会の答申をベースにして、だいたい現状維持になっているような気がする。理由付けに著作権制度審議会の答申が多く使われているが、むしろ、この部会がどう考えたのかというまとめにしなければならないのではないか〉と発言している。ＪＡＳＲＡＣ至上主義とまではいわなくとも、現状維持を良しとする守旧派の主張がこの「中間まとめ」（たたき台）では支配的であることに異を唱えたように聞こえる。実際、わずかな差で守旧派と改革派の均衡は逆転し、規制緩和の方向に舵を切った。

一九九九年七月五日の第二十一回で「権利の集中管理小委員会専門部会中間まとめ（案）」の修正箇所の説明があったあと、短い質疑があり、〈審議の結果、中間まとめ（案）を本専門部会の中間まとめとすること及び小委員会に中間まとめを報告のうえ公表し、関係団体から意見を求めることが了承された〉のである。

これを受けて、翌六日の朝日新聞朝刊は、《著作権管理を自由化》というタイトルでこの文化庁著作権審議会専門部会がまとめた中間報告を報じた。〈日本音楽著作権協会（ＪＡＳＲＡＣ）など特定の団体の独占状態だったのを改め、一定の条件を満たせば自由に参入できるようにすることを提案した。また、認可制であらかじめ定められている作品の使用料についても、自由競争にゆだねて事後の届出制に変えるとしている〉〈同審議会は、年内に答申をまとめることにしており、文化庁は来年の通常国会での関係法の改正を目指している〉と伝えたうえで、この報告書を〈規制緩和をひろげようとするものだ〉と評価した。

これで新規参入事業者は管理業務を行うにあたって、分野は「音楽、小説、脚本の三分野」から「対象分野を限定せず」に、「許可制」から「登録制」に、著作権使用料は「認可制」から「届出制」に変わることになる。


一九九九年二月一日に飯野賢治、河口洋一郎、坂本龍一、佐野元春、冨田勲、松武秀樹ら各氏の尽力で発足したメディア・アーティスト協会（略称ＭＡＡ）。その存在もおおいに貢献してくれた。

ほぼ四年という時間を経て、目の前にたちはだかったＪＡＳＲＡＣという壁に、まだまだ最初の一歩ながら小さな穴が開いた思いがした。

しかしこのときには、まさかこの先十六年にわたる闘いが待ち受けているとは、予想だにしなかったのである。

この夜、喉ごしさわやかな冷酒が旨かった。

この年の秋に「プレジデント」という雑誌に「インターネット配信時代の『第二JASRAC』を画す男」という記事が掲載された。内容は、仲介業務法での許可申請やこれまで利用者団体の協議メンバーとしての活動などが書かれ、大きな写真入りにて、あっちこっちから連絡が入った。この内容は英語版でも転載されたことから、アジアでは香港やシンガポールから、遠くはイギリスやアメリカからも反応が来たほどだった。

ちょっと気恥ずかしい気分だったが、これも流れのなかでの一シーンとして、やむをえないのかなと納得した「出来事」ではあった。

NEWSMAKERS

金融インサイド　IT最前線　ピープル

たった一つの管理組織しかなかったこの国に、
音楽著作権の「第二電電」を立ち上げようとする人物がいる

インターネット配信時代の「第二JASRAC」を画す男

Feisty Challenger Seeks to Revolutionize the Music Copyright Business

By Masaharu Yoshioka

The Internet has generated widespread concern over the issue of copyright, especially on music. Akihiro Mino is single-handedly making sure composers do not get shortchanged.

These days, you can find karaoke almost anywhere people congregate. And in most cases, you'll find a seal marked "JASRAC" (an acronym for Japanese Society for the Rights of Authors, Composers and Publishers) affixed at the entrance.

Whenever songs produced by a copyright holder are sold as CDs, broadcast over the airwaves, or sung in the form of karaoke, JASRAC's task is to collect usage fees on behalf of the copyright holder, and, after deducting its service fee, distributing the fees to the copyright holder. Presently it is the sole organization controlling such work on behalf of the copyrights held by composers of lyrics and music.

Members of JASRAC are individual composers and such corporations as music publishing companies. Music publishers contract composers, engage in promotion of their music and charge a service fee to them.

The copyright environment has undergone dramatic change over the past several years. A growing number of complex questions related to copyrights have arisen, such as how to handle copyrights related to music supplied via the Internet, or those being sold in formats other than CDs, such as CD-ROMs, to name one example. Technology has developed so quickly that matters related to the legal side cannot keep pace. Because JASRAC has been the sole organization in control of copyrights, this raises a problem as the copyright market does not operate under the principle of competition, and composers are left with no choice.

JASRAC's turnover (equivalent to the sales revenues of ordinary companies) is approximately ¥98 billion, and compared with similar organizations in foreign countries this makes it by far the largest. It is under pressure from the anti-monopoly law, as well as from foreign organizations.

In opposition to the domination of JASRAC, the music industry began making efforts as far back as the 1980s to set up a "second JASRAC." This was the vision of one man, 53-year-old Akihiro Mino.

In 1985, Mino established a record company named "Sixty Records." After that, he managed a company that produced multimedia software.

The Contract as a Means for Expressing Nothingness

What was it that led Mino to study copyrights and contracts?

"In the U.S., these companies support the productions by composers of lyrics and music," he explains. "They also help promote their works to vocalists or recording companies, arrange for recordings, and receive copyright fees. In other words, it's the job of music publishers to sell the music. But in most cases in Japan, the system is structured so that the copyright holder ties up with a music publisher having direct ties to the mass media, and which receives a 'dividend on profits.' So the music publisher is not involved in such aspects as nurturing future talent or production of works."

Once he became involved in the matter of copyright while on the job, another issue aroused Mino's skepticism.

"I wondered about how could there only be just one group like JASRAC, and why the user's fees were so exorbitant. For some items, the rates were three times higher than in the U.S. So around 1980 I started studying the issue.

One thing that hurts after more than 20 years in the business is that software-related work is such a nebulous business. The only way you can express this nothingness is through a written contract. When you get involved in software for a

46 • ASIA 21 • November 1999

《「第二JASRAC」を画す男》1999年10月号プレジデント
およびASIA21より

第七章　「粛々と」すすむ法改正はなにをめざす

「権利の集中管理小委員会専門部会中間まとめ」は、同日午後、さっそく小委員会に示され、ただちに公表し各団体の意見を集めることが了承された。

同小委員会は専門部会と委員の異同がわずかにあるものの、関係団体も専門家の顔ぶれもほぼ重なっているので、十月六日の第四回以降、翌二〇〇〇年一月二十一日の第十一回において「報告書（案）」が全会一致で了承されるまで、月に二、三回のハイペースで議論がすすめられた。

まず、専門部会の「中間まとめ」概要をみると、集中管理の現状と課題の整理についての記述につづき、外国の法制度についてふれたあと、いよいよ本題の著作権の集中管理のあり方に入り、「（2）法的基盤整備に関する基本方針」としてつぎの四点に留意するように記している。

ア　政府の規制緩和政策を踏まえ、必要最小限度の規制に止める。
イ　競争原理の導入の観点から、原則として集中管理団体の新規参入の機会を認める方向が適当である。
ウ　権利者及び利用者の保護の確保の観点から、集中管理団体の業務の公正妥当な遂行の確保を図ることを目的とする緩やかな規制が適当である。
エ　既成の秩序として事実上市場を独占している団体もあることから、このような実態についても十分留意する必要がある。

このように、現行制度についてわれわれ利用者が不満に思う部分を認識したうえで、規制緩和によって新規参入を可能にし、複数管理による方向を示している。

さらに具体的な法的整備の内容について問題点が整理されている。

この「中間まとめ」に対して、関係各団体（ＪＡＳＲＡＣをはじめ利用者の立場にある各団体で、日本レコード協会、日本新聞協会、日本書籍出版協会、日本芸能実演家団体協議会、日本民間放送連盟などなど）から広く意見が求められ（当然のことだが、ＪＡＳＲＡＣだけが全面否定、すべてにいちいちしつこく反論という意見書を提出した）、それを踏まえるかたちで小委員会では法制度上の指針としての「報告書」が実質七回にわたる討議検討の末まとめられた。

同「報告書の概要」をみると、〈現行仲介業務法は、基本的視点に照らして、法律の適用範囲、業務の許可制、使用料の認可制などの点で、全面的に見直すことが必要となってきており、早急に新しい著作権管理制度の法的基盤を整備する必要がある〉としたうえで、「著作権管理制度の基本的なあり方について」「著作権管理制度の法的基盤整備の適用対象について」「著作権管理団体の業務に関する法的基盤整備について」「使用料の設定と紛争処理システム」「指定団体制度と著作隣接権管理制度について」「著作権等の管理に関するその他の問題について」と項目を立て、最後に「おわりに」として、つぎのように記してあった。

〈本小委員会の示した著作権等の管理に関する基本的方向に沿って現行仲介業務法の全面的な見直しが早急に進められるべきであることを提言する。

ただし、つぎのような事項については、引き続き留意することが必要である。

［ア］著作権管理事業の実施にあたっては、利用頻度の多寡にかかわりなく、できるだけ多くの著作者が著作権管理団体を利用しうるように留意することが重要であるので、著作権管理団体においてもこの点に配慮した運営が行われることを要望する。

［イ］権利管理情報提供システムの整備については、文化庁の支援も含めて、関係者によって積極的に取り組まれる必要がある。

［ウ］著作権を巡る各種の個別の紛争に対する簡易迅速な紛争解決手段の充実については、

文化庁において引き続き検討することが必要である。

［エ］円滑な使用料秩序を形成する上で著作権管理団体と利用者団体の使用料に関する協議は有効かつ不可欠のものである点を考慮して、団体間協議と独占禁止法の関係を明確に整理しておく必要がある〉

〈全面的な見直し〉と明記された以上、これは仲介業務法の改正ではなく、新法創設を意味している。その指し示す方向も、新規参入を容易にし、競争原理を導入するのであれば、ほぼこちらの思惑に沿ったものになるのではないかという期待が湧く。あとは現状のＪＡＳＲＡＣ支配による弊害がいかに取り除かれるか、だ。

もっとも、「報告書」が結局「中間まとめ」から大きな変更なくまとめられたということは、ＪＡＳＲＡＣの反論に耳を傾ける委員はいなかったということだろう。

今後は文化庁長官官房著作権課で法案を作成し、内閣法制局の審査を経て、通常国会に提出され、審議のうえ新法成立へと運ぶことになる。いったん法案作成に入れば、あとはお任せの世界だ。

著作権課にしてみても、内閣法制局のダメ出しがあれば、修正せざるをえない局面を迎えることもあるだろう。〈早急に法的基盤の整備〉を求められている以上、ここからはスピードアップするのではないか。

六月の通常国会で成立の見通しというのが、大方の観測である。
二十一世紀の夜明けは近いぞ！
しかし、世の中、なにが起こるかわからないということを思い知らされることに……。

第八章　「やったあ」と「やるぞ」著作権等管理事業法成立

二〇〇〇年四月二日未明、小渕恵三首相、緊急入院。

「新しい元号は『平成』であります」――官房長官時代に昭和天皇が崩御、新元号を発表した「平成おじさん」こと小渕恵三は、その後、一九九八年七月三十日、第八十四代内閣総理大臣に就任。参議院選挙で自民党が大敗を喫したため、与野党が逆転していた参議院では民主党の菅直人が首班指名され、衆議院の優越規定でかろうじて首相になるという不安定な政権基盤からスタートした小渕政権だった。

前日四月一日、記者の質問にも黙り込んでしまうなど体調に異変があり、二日未明、意識朦朧としたまま順天堂大学医学部附属病院へ緊急入院した。

四月五日、臨時閣議がもたれ、小渕内閣総辞職を決定。

四月五日、森喜朗首相就任。

この間のドタバタは、当時事態の収拾を図った五人組（青木幹雄、亀井静香、野中広務、村上正邦、森喜朗）の密室政治疑惑を生んだことでご記憶の向きも多いだろう。

意識の戻らぬまま、同年五月十四日午後四時七分、小渕恵三は脳梗塞で死去。享年六十二だった。

このひと月あまり、政治的空白こそ回避されたが、政治日程はおおいに見直しを余儀なくされ、「著作権等管理事業法」法案提出は次期通常国会へと見送られてしまったのである。

こちらのスケジュールにはほぼ半年の空白が生じてしまったのである。小渕さんもまさかと思ったことだろうが、人生なにが起こるかわからないものだ……。

感傷にひたっているときではない。二年前に仲介業務許可申請を申し入れ、取り下げたときのＭＣＡに代わり、本格的に音楽に関する著作権管理事業を目的とした会社の設立へ向けて動きだした。ちょうど二〇〇〇年に入ったころから、日銀のゼロ金利政策やアメリカ経済好調の波を受けて小渕政権下でＩＴバブルが加速し、日経平均が二万円台を回復していて、ベンチャー企業への投資も盛んだったこともおおいにフォローの風となった。その後、ネット関連銘柄も徐々に下落がはじまり、日本の最初のＩＴバブルは長続きしなかったのだが、まさにギリギリのタイミングでＩＴバブルの恩恵を受けることになった。

会社設立にあたって、まず考えなければならない三条件「新法の創設」「複数事業者の新規参入」「社会的に認知度が高い大手事業者の資本参加と事業連携」。すなわち二年前の春に大学の同期や友人から貰った厳しいアドバイス（第五章）の成立だった。

「新法の創設」はかなった。「複数事業者の参入」もすでに何社かの情報を得ていた。となると最大の課題は「大手事業者の資本参加」である。

いつものことだが、こんなとき頼りになるのは友人たちとのラッキーな出会いである。

最初にドアを叩いたのは、多くのコンテンツを扱い、権利ビジネスにも興味あり、多様なクライアントを持つ広告代理店「博報堂」だった。もう何年ご無沙汰したのか忘れるぐらいだった日本コロムビア時代の同僚と博報堂でひょんなことからめぐり会う。彼は早々にコロムビアから博報堂に転職し、当時はすでに責任あるポジションに就いていた。しかし会った途端に意気投合、提案内容に共鳴し、全面支援を約束してくれた。

幸先良し！

つぎのターゲットは、なんといっても日本最大の事業会社「トヨタ自動車」。まずは友人からの情報を集め、なにか切り口はないかと模索がつづいていた。そんなとき、博報堂の担当者から「豊田通商」との連携の提案が舞い込み、即名古屋へ飛んだ。トヨタ本体ではないものの、こちらも巨大な商社だ。当時の本社は名古屋駅前にドンと構える豊田ビル（名前からしてスゲえなあ！と思った）、受付を済ませて古い形のエレベーターを降りて進むと、通路の真ん中に太く丸い柱がここでもドンとそびえ立ち通路がその左右に分かれている。とにかく古さと重厚さが際立つビルだった。そこで迎えてくれた取締役、見るからに世界を飛び回ってきた商社マン、しかし話してみれば同い年、誕生日も一週間余りしかちがわない。なぜかここでも一瞬にして昔から親しかった友人のような気分になった。とはいえ、巨大な商社、簡単に投資案件が通るわけがない。彼がほかの役員たちを説得し、限られた時間のなかで投資を決定してくれるには相当のご苦労があったのではといまにして思う。しかし「TOYOTA」というマークは最高の助っ人であり、小さな起業会社にとって願ってもない保証人（法人）的な存在だ。投資決定の通知はそう時間もかからずに届いた。

中押し良し！

つぎは通信メディアの雄「NTT」である。若いころに耳にした親族の情報を頼りにこちらも切り口を探しはじめたとき、本当に偶然の出会いが訪れた。第二電電（現KDDI）の共同創業者、当時イー・アクセスを創業したてだった千本倖生氏（前イー・アクセス名誉会長）である。

企画書を読んでいただくと、規制改革の先駆者でもあり、即「面白い！」といっていただき、いきなりNTTのトップを紹介してくれた。大手町のNTTのビル、ここにはいくつもの扉が存在する。受付を通り、最初の秘書の案内で待合室的な部屋へ。つぎの秘書が現れ役員階へ。三人目の秘書の先導でやっと当人にたどりついた。話はほんの二十分程度、ここでも「君の話は面白い！」ＮＴＴＭＥの社長を紹介するので、そこに行くようにとの指示。翌日電話すると、すでに話が通っており、翌週の打ち合わせにて即投資ＯＫ！（もちろんそこから現場の方々と実務の調整はあったのだが）いやはや驚きの連続だった。それからわずか二週間、ＮＴＴ関連会社からの出資が固まった。

決め手良し！

そして最後に、新たな小売業のかたちを切り開き、時代をリードしてきた「イトーヨーカ堂」、それこそ大学時代からの友人の協力で投資の検討をはじめてくれていた。こちらは最後のところで時間切れ。残念な結果ではあったが、これだけの大企業が著作権管理事業の社会インフラとしての意義を理解し、興味を持ち、投資を検討してくれたことに感謝するとともに、逆の意味では、著作権のみならず、知的財産権関連のビジネスに、多くの大企業では十分なニーズが存在するという自信につながった感じがした。

各社に提案した企画書は、わずかＡ４×５枚のものだった。

結果として、博報堂、豊田通商、ＮＴＴＭＥコンサルティングの三社と三野明洋が主要かつ平等な株主となり著作権エージェント、イーライセンス（英文表記では e-License）を設立した。二〇〇〇年九月二十九日のことである。

その後も、オリックスの会長だった宮内さん（後述で、多大なご支援をいただいた）、Ｉ

ＩＪの鈴木社長、資生堂の福原名誉会長など日本をリードする多くの方々とめぐり会え、そのつど結果として投資にむすびついたこと、それによってゼロからの事業スタートには必須要件である運転資金の確保が順調にすすんだこと、感謝の念に堪えない。

ところで、初の株主総会、創設メンバーは全二名（これまでの社会人経験でも、当たり前だが最小）、お茶を入れるスタッフは助っ人、オフィス百八坪は野っ原状態、そこに株主・役員、その他参加者総勢二十五人、いやあ！　懐かしい一場面だ。初代役員のみなさんの優しいお言葉「原野からはじめる事業開発はさすがにはじめて、すごい経験をさせてもらった」本当に感謝！　のひと言でした。

イーライセンス設立によって、なにはともあれ事業は開始された。しかし、次期国会で「著作権等管理事業法」が国会を通過、成立したとしても、新法施行は二〇〇一年の秋だろう。まだ一年あまり先の話だ。

新法によって、新規参入が可能になったのはいいが、現状のＪＡＳＲＡＣ支配がもたらしている弊害が一掃される保証はない。とりわけ、信託譲渡契約約款がどうなるかは大問題である。新法施行下で、既得権益が失われないようにＪＡＳＲＡＣも手を打ってくるだろう。現会員への契約内容の見直しと変更ひとつでは、法律は変わっても現状はなにも変わらない、なんてこともありえると考えたほうがいいだろう。

事情通によると、これまで免許制・許可制から登録制へ規制緩和になった例をみると、既存の被許可団体は改正法施行と同時に登録を受けたものとみなされるのが慣例となっているので、今回も仲介業務団体は新法施行時、つまり施行日午前零時をもって、登録を受け付けたものとみなされ、番号が振られることになる。つまり、ＪＡＳＲＡＣが1号、日本文芸著作権保護同盟が2号、日本脚本家連盟が3号、日本シナリオ作家協会が4号というわけらしい。どうせなら、1号をとりたかったが、慣例とあればやむなしである。

しかし、である。新法施行日までなにもヒマをつぶしていることもないわけだ。新法施行が一年も先のことであれば、その間権利者からの契約を取り付けはじめるべきだろう。なにせ敵は大巨人である。これから一件一件契約者を増やしてゆかねばならない事業なのだから、なにもせずに一年を過ごすわけにはゆかない。会社が設立された以上、一日も早く著作権管理事業をすすめていくにはどうしたらよいのか。新法での届出ができない以上、短期間であっても仲介業務団体になったほうがいいのではないか。

そこで、傍からみれば「奇手」としか思われないかもしれないが、ここは再度仲介業務許可申請書を提出してみてはどうだろうか、と考えはじめた。

ＩＴの技術革新は予想を上回るスピードで進んでいて、これまでになかったビジネスから、著作権管理に対する新たなニーズが高まっている以上、一日も早くイーライセンスの事業を開始すべきである。当然、株主各社からも早期の事業開始を望む声は高い。であれば、仲介業務法による最後の仲介業者として許可申請を申し入れるのは、きわめて合理的かつ妥当な行為とはいえないか。

このとき、これ以上の適任者はいないといえるほどの人物が相談に乗ってくれた。ひとりは、経産省から多方面で活躍の場を広げていた政策側の仕掛け人。もうひとりは、種々の新法制定に関わってくるとともに、官庁内部に精通する策士。

彼らのアドバイスは的確どころか、進め方や提案内容の細部、交渉の座組まで具体的かつ手の込んだ内容だった。思いきって突っ込んだ相談をするなかで、その本来の目的である「早期の業務開始に監督官庁としてのお墨付きを得ること」や「文化庁著作権課が提示してくるであろう落としどころの予測」まで、頭のなかで想像を超えた図面が描かれていったのである。

となると、頭に描いた図面を片手に持ちつつ、まず著作権課の吉田課長を訪ねた。これが十月二十四日。イーライセンスの事業を一日も早く開始したい旨を訴え、再度申請したいともちかけた。

図面の趣旨どおり「契約対象者はＪＡＳＲＡＣノンメンバー（非会員）ならびにインディーズ系の若手」であることを強調した。さらには、非一任型の仲介業務としてスタートさせ、実績を積んでから新法へ引き継いでゆくということもあるのではないか、という話もした。仲介業務法での申請はＭＣＡから二度目ということもあり、かつ、株主も最高のメンバーが揃っている。「具体的内容については短期間に折衝し、ヒアリングなど短期的にすむように事前に根回しをしておきましょう。年内に結論を出すことは可能でしょう」とのことであった。

そして、ほぼ大方の予想どおり、十一月十三日、著作権等管理事業法は通常国会を通過し、二十一日に成立、二十九日に公布という運びとなった。翌年十月一日の新法施行と同時に仲介業務法は廃法となることが決まったのである。

冷たい風が吹きはじめた十一月二十日、文化庁へ再度許可申請へと向かった。今回は株主各社の取締役、監査役ならびに弁護士二名を同伴した。本気を示すことが大事だ。

著作権課の担当調査官は、あいかわらず「仲介業務法申請は前例も少なく、事前に詳細を相談してもらわないことには、そう簡単に受理できない」という態度を崩さない。しかし、様式が法令に適合していれば受理するということになり、正式書類一部とコピー二部を渡し、その後、内閣不信任案が可決でもされないかぎり、来年十月一日には新法施行となるだろう、

JASRACの信託譲渡契約は支分権ごとか、ある程度の作品の固まりごとに権利者が選択できるようになるのではないか……など雑談を交わして解散した。

その後、十二月六日にヒアリングがあり、イーライセンスの仲介業務の詳細案を説明した。十五日には、追加資料も提出。しかし、年内に結論の出る兆しがない。

あれえ！　なぜ？　どうなってるの？　何が変わったんだ？　いささか気が重い年の瀬であった。

年が明けて、かくなるうえは文化庁長官に上申書を書こうということになった。

そんななか、年明け六日に、著作権課の課長人事があり、吉田課長が異動、後任に岡本薫課長を迎えることになった。岡本課長は、国際著作権課長時代から面識はあったが、仲介業務法擁護派じゃないのなんて噂も聞こえてきていた。

上申書の内容は一挙に方向転換、あくまでも新法がすでに成立し、施行を待つばかりとなっている以上規制緩和に沿った新法以上にきびしい基準で不許可処分とされるいわれはないのではないかと考えるものの、本意ではないが、もはや旧法下での許可を取り付けることは断念するものであり、本申請はいずれ新法へと登録手続きを移行させていただき、現状旧法の許可対象外である、「取次」または「非一任型の媒介」として著作権管理業務を開始することにした旨を伝えるものとなった。

ここで「取次」または「非一任型の媒介」が出てくるのは、先の著作権審議会の報告書概要において、権利委託の態様として、〈一任型の著作権管理に限定するのが適当である〉とされ、〈委託の方法としては、信託、取次および代理が考えられる〉が、媒介については、非一任型の著作権管理として規制の対象外とするのが適当である〉と整理されていたことを受けて、あくまで権利者の意向に沿った取引しか扱わないことを強調したのである。

この流れはいかにも徒労のようではあるが、「取次」または「非一任型の媒介」として著作権管理業務を開始することを宣言したわけであり、イーライセンスの業務開始を意味していた。

ただし、あくまでも廃法になるまでは、仲介業務法が唯一前提となっているかぎり、こちらの主張は、「取次」または「非一任型の媒介」であれ、文化庁としては容認できないのであった。いかに新法では規制対象外とされていようが、まだ新法は施行されていないのだから。

一月十二日にこの上申書を提出、十五日に著作権課へ二名の弁護士を伴って協議に出向いたが、担当調査官の態度は一ミリも動いていなかった。

こうなると、双方のメンツを立てたまま、着地点を探るという、骨の折れる作業になる。またかあ。

まず、許可申請を取り下げずに、著作権管理業務に入ると、おおいにカドが立つ。取り下げれば、非一任型の取次というかたちで業務につくのが、いちばん丸く収まる。文化庁はそうしたかたちの管理業務を黙認し、そのうち新法がスタートするというわけだ。
マスコミには「イーライセンスが著作権管理業務を開始したこと」だけを伝えればよい。口頭でなら「文化庁著作権課は承知している」といってもかまいませんよ、公式に判断を下したわけではないので……これが著作権課の最後の言葉だった。

結局、①文化庁の意向を汲んで、仲介業務許可申請は取り下げる。②当面、プロモーションや著作権者・利用者との契約折衝といった営業活動を開始していくので、問題があればそのつどご指摘いただきたい。という二点を明確にして、二月一日に著作権課に伝えた。
同日、著作権課にて協議のうえ、「問題なし」となり、二月五日に文化庁長官官房著作権課長・岡本薫氏あてに申請取り下げを正式文書にして提出した。

かくして一九三九年十二月十五日に施行された著作権ニ関スル仲介業務ニ関スル法律（仲介業務法）は許可制を定めながら、ＪＡＳＲＡＣ（当初は大日本音楽著作権協会）以外に仲介業務を許可することとなく、同法は廃法となるのである。また、そのかぎりにおいて、六十年あまりにわたって内務省以来文部科学省（文化庁）にいたるまで、一元管理の理念は一ミリも揺らぐことはなかったのである。やれやれ。

第九章　「ギャオ！」敵もさる者

イーライセンス設立の経緯を思い起こすと、たしかにITバブルの追い風は吹いていたし、規制緩和へと政府も舵を切っていたかもしれないが、つまるところ、リアルな人脈、人間関係がことを動かしたのだと思う。博報堂しかり、豊田通商しかり、NTTも不思議な縁が投資へとつながった。

そもそも著作権管理事業は儲からない。イーライセンスを設立はしたが、事業を成立させるにはそれ相当の覚悟と忍耐が必要である。まず、徴収した著作権使用料のうち管理手数料の上限を一〇％と決めた。この決定には国内外ふくめ多方面からの情報をいかに整理し、事業計画に組み込んでゆくかが最大の課題であり、かつ株主の方々の了承も絶対条件である。

仮に、会社の運営費用に年間一億円かかるとすれば、使用料徴収額は十億円以上ないと対応できない。しかし、著作権者からの委託契約はゼロスタート、大きな徴収額など見込めるわけがない。当然はじめの数年間は集めた資本金を食いつぶしてゆかざるをえない。

であるからこそ、徹底してムダを省き、人手を省き、経営の効率化を図るためにも管理業務のすべてを可能なかぎりシステム化することは絶対条件である。また株式会社であることからＪＡＳＲＡＣとはちがい、兼業兼務が許されることをどのように活用するのか。なんとしてもこれらを実践していかなければならない。その先にこそ事業がみえてくると考えていた。

だから、システム・アイディアも自前で考えた。システム・エンジニアとふたりで徹底的に論議し、音楽著作権管理におけるシステムのあり方を探った。

この方針はいまも変わらない。まず、システムありき、なのである。

二十一世紀に入って、オンライン処理は加速したので、このシステム・デザインは間違っていなかった。権利許諾から使用料分配までデータベースからいつでも取り出せる。分厚い紙の使用料分配明細書を送りつける必要もなく、著作権者はネット上でいつでも分配計算書を確認できる、もちろん過去のデータも再チェックできる、そんな仕組みが出来上がっていった。

そしてもう一点の兼業の開発も突然やってきた。

著作権等管理事業法の施行、民間の著作権管理事業者の参入というニュースを聞きつけて、最初に相談に訪れたのは日産自動車のスタッフだった。そのころ、車社会もネットワーク化の競争がはじまっていた。トヨタ自動車の「G-BOOK」、ホンダは「インターナビ」、そして日産は「カーウイングス」、そのなかに展開するコンテンツサービスとなると、当然そのコンテンツに関する権利処理が必要となる。彼らはハードウェアは専門だが、音楽だの、情報だのの著作権となると基礎からの勉強が必要であった。そこでコンテンツに関する著作権など知的財産権のコンサルティングというニーズが発生したのである。

日産につづき、想定もしなかった多種多様な企業からも依頼が舞い込んだ。そのつど、要望をとりまとめ、資料に仕上げ、研修会を開催するという仕組みのビジネスが拡大していった。

たしかに大手の事業者のなかには必ず法務部という組織が存在する。しかし意外と著作権の専門家は少ない。知財の担当者がいても特許が専門のスタッフばかりで、コンテンツに関連した著作権知識（とくに、法律だけではなく、コンテンツビジネス情報もふくめ）のニーズが高まっていたのである。

しかしそんな要望に応えるにはそれなりの知識と、指導者としての実績も必要である。音楽プロデューサーとしての経験からコンテンツビジネスの知識に関してはそれなりの自負と説得力はあった。しかしお金をいただく事業として考えれば、やはり顧客に信頼していただくための権威が必要である。ここでも不思議に幸運に恵まれた。じつは二〇〇〇年秋から富山大学の教育学部（現在の人間発達科学部）で「知的財産権処理」という講座を担当していた。これも諸処のニュースをみた富山大学の教授が「これからの学生に知財の教育は必須」との思いで、担当者を探しており、ひょんなことから連絡をいただいたのが切っ掛けだった。この講座は現在もつづいているのだが、当時、国立大学の非常勤講師という肩書き、それも知的財産権に関する講座を担当しているということがある種の信頼につながったことは間違いなかった。

最初にドアを叩いてくれた日産の担当者、そしていまは大学をはなれ信州安曇野で小さな子供たちとのふれあいを終のテーマに暮らしてらっしゃる教授、ここでもまたひととの出会いに救われた。

それにしても、権利の集中管理小委員会の「報告書」が提出されたのが二〇〇〇年一月二十一日で、「著作権等管理事業法」が施行されたのが二〇〇一年十月一日である。この間およそ二十カ月あまり。技術革新のスピードと比べてもしようがないが、「早急に」と答申されていたにもかかわらず、このありさまである。

新規参入を待ちに待っていた身としては、小渕さんの出来事はやむをえないにしても、あまりにも長い年月のように感じていた。仲介業務法存続中に再度許可申請を出したのには、こうした状況をなんとかしたいという気持ちも働いていたのである。

ＪＡＳＲＡＣにしても、この間をぼんやりとやりすごしていたわけではなかった。信託譲渡約款の見直し、契約の更改、契約期間の長期化、さらには著作権法の法理を使って、支分権構成を練り直してきた。

この数年、ＪＡＳＲＡＣという組織が抱えている問題が表面化するにつれ、組織の内部にも変化が起きていた。

一九九四年、事務所移転にまつわる古賀政男音楽文化振興財団への不正融資疑惑問題に端を発し、当時の理事長ら執行部が総辞職、新執行部をスタートさせた。

翌年、役員改選に伴い、遠藤実会長、加戸守行理事長の新体制となり、一九九六年六月の総会において古賀財団への融資額は和解案の五二億円が承認される。

以降、内部に存在した理不尽な部分、不透明な部分にきちんと目を向けようという勢力が育ってきていた。

このころのＪＡＳＲＡＣは公益法人だったが、一九九六年九月二十日には、「公益法人の設立許可および指導監督基準」に照らして、「公益性を確保するよう」との指導がなされた。

著作権管理事業における「許諾と使用料徴収並びに分配」だけの業務では公益性が認められないという判断によるもので、著作権シンポジウムやコンサートなど公益事業が加えられた。もっとも、二〇一〇年四月一日付けで「一般社団法人日本音楽著作権協会」となり、公益性を問われることもなくなる。

一九三九年の発足以来、占領下に誕生したアメリカ人による著作権管理団体をのぞけば、独占的に音楽著作権の管理を担ってきただけに、一九九九年七月に「中間まとめ」で示された、複数管理事業者の参入を容認し、いわば自由化へ向けて規制緩和すべしとの指針が示されたときから、周到な対抗作戦会議を繰りかえしてきたにちがいない。

一千億円強の使用料徴収額を断固死守すべしと考えるのは自然なことだったろう。

実際に、音楽出版社あてに「管理委託範囲選択・変更の手続きのご案内」が送られてきたのは、二〇〇一年の八月だった。二カ月後の十月一日に「著作権等管理事業法」が施行されるので、新法に切り替わる前に、管理委託範囲の変更を求める場合には、どのような手続きが必要かを伝えてきたのだ。

冒頭、「来年四月から、委託範囲の選択制を柱とする新たな管理委託制度を導入いたします」とあり、その方法として「事業部単位の信託契約」制度を設けるとある。すなわち、従来の信託契約（全支分権等委託）とは別に、事業部単位で信託契約を結び、それぞれの信託契約ごとに作品の分別管理が可能だという。さらに、この「事業部単位の信託契約」のポイントは、①著作者の同意、②信託契約の手続き、③著作権の分別管理の三つであるとしていた。

　気になるのは、信託契約について資格審査後承認されると信託契約申込金として七万五千円（税別）払わなければならない（著作者と著作権者の場合は二万五千円）こととと、いったん委託範囲を設定すると、五年間の契約期間中は変更できない（五年縛りか）。

　事業部ごとに信託著作権を分別管理するわけだが、同一法人の複数信託契約間での作品の移転は、契約満了時に更改する場合をのぞき、不可能とある。

　しかも、こうした変更手続きが期限の十一月三十日までにとられない場合には、「全支分権等委託」として分別されるという。

　まず、この「事業部単位の信託制度」というのがクセモノだと思った。加えて、「支分権の区分」として四区分、「利用形態の区分」として七区分あり、それぞれに委託する・委託しないを○印で選択するようになっている。これがまたクセモノだと思ったが、身に染みてクセモノぶりを味わうのは、新法施行以降のことだった。

第十章「なぜ？　どうして？」既得権保護バリヤー張り放題

現行著作権法においては、「著作権に含まれる権利の種類」として、複製権、上演権および演奏権、上映権、公衆送信権等、口述権、展示権、頒布権、譲渡権、貸与権、翻訳権・翻案権等、二次的著作物の利用に関する原著作者の権利――と十一の支分権を定義している。そうした支分権を束ねて「著作権」という。

音楽著作権においては、録音権は実演家の権利でもあり、譲渡権や貸与権なども同様に「著作隣接権」として実演家にも認められている。レコード製作者の権利を一般にそのマスター音源制作に係る権利として原盤権というが、そこには複製権、送信可能化権、商業用レコードの二次使用料請求権、譲渡権、商業用レコードの貸与権・報酬請求権などが「著作隣接権」として認められている。

「管理委託範囲選択・変更の手続きのご案内」でＪＡＳＲＡＣが示した〈支分権の区分〉は、

①演奏権等（演奏権、上演権、上映権、公衆送信権、伝達権および口述権）、②録音権等（録音権、頒布権および録音物に係る譲渡権）、③貸与権、④出版権等（出版権および出版物に係る譲渡権）の四区分である。それぞれに「委託する」「委託しない」を選択できる（当たり前だが、ＪＡＳＲＡＣメンバーは最低ひとつを委託しなくてはならない。なにも委託しないときには、信託譲渡契約はただちに解除される。もはやメンバーである意味がないのだから）。

つぎに〈利用形態の区分〉として⑤映画への録音、⑥ビデオグラム等への録音、⑦ゲームソフトへの録音、⑧コマーシャル放送用録音、⑨放送・有線放送、⑩インタラクティブ配信（公衆送信による利用）、⑪業務用通信カラオケ――以上の七区分である。

支分権の選択によって、利用形態に関して選択をしなくてはならない。たとえば、②録音権等を委託する場合には、利用形態の⑤から⑪に関して委託する・しないを選択する。①演奏権等だけを委託する場合は⑨から⑪に関して委託する・しないを選択するといったように。

管理業務の実態に目をつぶって、この選択肢の多さを見るかぎり、全支分権信託譲渡契約に比べれば、圧倒的に権利者の自由度は増したようにみえるかもしれない。

しかし、著作者個人が自己管理できる支分権といったら、映画への録音のようにきわめて狭い、限定的な利用に関してくらいであって、カラオケひとつとってみても、とても個人管理がおよぶものではない。これは音楽出版社にとっても同様である。

演奏権等
- ➢ 楽曲をライブハウスやコンサート会場で演奏することを許諾する権利
- ➢ カラオケ（店頭）で演奏することを許諾する権利

録音権等
- ➢ レコードへの録音－楽曲をレコードやＣＤ等へ録音することを許諾する権利
- ➢ ビデオグラムへの録音－楽曲をＤＶＤやビデオテープに映像とともに録音することを許諾する権利
- ➢ ゲームソフトへの録音－ゲーム目的のソフトへ録音することを許諾する権利
- ➢ 映画への録音－映画フィルム等へ録音することを許諾する権利
- ➢ コマーシャル送信用録音－放送やインターネットで利用するＣＭに録音することを許諾する権利

出版権等 －楽曲を楽譜や雑誌・新聞等へ印刷することを許諾する権利
貸与権　－楽曲をレンタル店で貸し出すことを許諾する権利

複合利用
- ➢ インタラクティブ配信に関する権利－楽曲をネットワーク上で配信することを許諾する権利
- ➢ 放送／有線放送に関する権利－楽曲をテレビやラジオ・有線放送等で放送することを許諾する権利
- ➢ 業務用通信カラオケに関する権利－楽曲を業務用通信カラオケ機器向けに配信することを許諾する権利

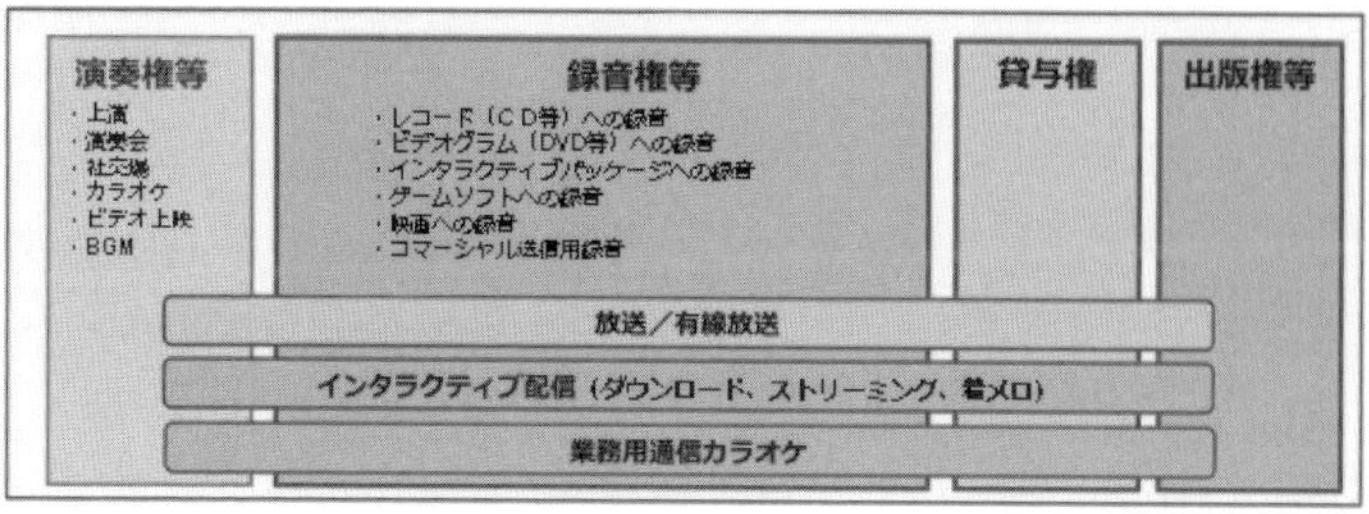

管理支分権表

となれば、ＪＡＳＲＡＣ以外の新規参入の管理事業者へどこまで移すか、が焦点になってくる。

ところが、である。文化庁の著作権等管理事業法施行に先立つ説明では、海外管理はＪＡＳＲＡＣで一本化される（海外の著作権管理団体との契約では、演奏権等の管理が必須要件であるから）。しかしインタラクティブ配信権なる利用形態には「ダウンロード」と「ストリーム」という仕組みがあり、海外では「ダウンロード」はメカニカルライツ（日本でいう「録音権等」に近い）権利として管理され、「ストリーム」はパフォーミングライツ（すなわち「演奏権等」に近い）権利として処理されている。となると、われわれが受託したインタラクティブ配信権のなかの「ストリーム」部分はどうなっちゃうのか?——答えはない。

新規参入管理団体は、「管理しやすい録音権とインタラクティブ配信だけをまずやってほしい」というイメージだった。四支分権、七利用形態あるなかで、なぜ一支分権、一利用形態だけなのか。

著作権等管理事業法のどこにもそんな規定はない。それに、同法施行はそもそも規制緩和政策としての新規参入による複数管理ではなかったのか。


もう一度、著作権等管理事業法について。ポイントは四つある。
○著作権管理事業に参入するには、登録申請をし、登録拒否要件に該当しないかぎり、文化庁長官は著作権等管理事業者として登録しなくてはならない。旧法(仲介業務法)では許可制であったのと比べれば、参入障壁はなくなったといっていい。
○権利委託者が自己管理、すなわち自らの権限で許諾し、使用料を決め、徴収する場合(非一任型)は、法律の規制対象とはならず、また、受託者(管理事業者)が委託者の意思を伝達しているにすぎない場合も、自己管理に準ずるとし、対象外である。音楽出版社が行う著作権管理も、著作権の移転を受けた著作権者の自己管理と考えられ、同様である。
○管理事業者は管理委託契約約款および使用料規程を文化庁長官に届け出なければなら

ない。旧法においては、約款は許可制、使用料規程は認可制だった。
○適用範囲が著作権および著作隣接権のすべてとなった。旧法では、小説、脚本、楽曲、歌詞の四分野のみであった（考えようによっては、規制範囲の拡大は規制緩和の逆をゆく規制強化といえるのではないか）。

どんな法律の場合も、条文と運用の間には、すきまがあり、実務が条文と完全一致することはありえないとは思う。改正法や新法が現状の慣例に照らして運用されることもあるだろう。現実の問題を解消するために創設される法制の場合は、とりわけ混乱がないように運用されることはあながち間違っているとはいえない。

しかし、だ。著作権等管理事業法は、規制緩和へ向かうものとして登場した新法である。旧法下で独占的に事業を担ってきた組織が、従来の強大な支配力を背景に、新法下においても有利に運用を図るということが容認されるのであれば、なんのための法改正かといいたくなるではないか。

ＪＡＳＲＡＣの言い分（ないしは文化庁の言い分といってもいいのかもしれないが）として想像できるのはこういうことだろう——いきなり、契約更改を全面的にすすめることは、著作権管理業務全般に大きな混乱を引き起こすことになる。法改正前の大きな課題であったマルチメディアへの対応を可能にすることを最優先にするのであれば、一支分権、一利用形態の管理からはじめられれば十分ではないか。

だれがいつどう決めたのかもわからないガイドラインに沿って管理事業をはじめなさいといわれたような気分だった。だったら、なぜ信託契約期間を五年にしたのか。事業部制を取り入れ、信託契約申込金という名目で七万八千七百五十円もとるのか。この負担と面倒な変更手続きは契約を移転させたくないための妨害行為ではないか、といってくる権利者もたくさんいた。

もちろん、これらはＪＡＳＲＡＣの内部規定であって、新法下における新体制で組織の弱体化を最小にとどめたいという方針からひねり出されたものにちがいない。

二〇〇一年九月十一日、アメリカで四機の旅客機がハイジャックされ、一機はピッツバーグ近郊に墜落、一機はワシントン郊外のペンタゴンに突入、残る二機はニューヨークのワールドトレードセンターに突入して二本のタワーを崩落させた。世界を震撼させた同時多発テロである。

アメリカは一気にテロへの報復へと向かい、首謀者オサマ・ビンラディンが潜んでいるとされたアフガニスタンへの空爆が近づいてきた十月一日、著作権等管理事業法は施行されたが、ＪＡＳＲＡＣの圧倒的な独占支配は、つづいていた――。

そして、イーライセンスは民間著作権管理事業者第一号として、文化庁に申請、十月十一日、受理された。

〈著作権等管理事業者の登録について（通知）　平成十三年十月一日付けで申請のあった著作権等管理事業の登録について、下記のとおり著作権等管理事業者登録簿に登録されたことを通知します。／なお、登録事項の変更、当該事業の承継、又は当該事業の廃業等があった場合には、貴法人又はその関係者は著作権等管理事業法第7条、第8条又は第9条に基づき所定の期間内に届出が必要ですので留意ください。／記／著作権等管理事業者の名称：株式会社イーライセンス　2．登録年月日：平成十三年十月十一日　3．登録番号：01005〉

第十一章　「ささやかな反撃」まずは公取委への相談から

これに先立ち、夏の終わりころに、イーライセンスの子会社として株式会社エムシージェイピー（Music Copyright Japan 略称ＭＣＪＰ）を立ち上げた。音楽出版社である。当然想定されたことだが、著作権者のなかには、なんだ、第２ＪＡＳＲＡＣじゃないの？イーライセンスに録音権やインタラクティブ配信権を委託しても、そのほかの支分権と利用形態に関しては、相変わらずＪＡＳＲＡＣとつきあわなければならないのか、という声が多かった。

そこで「ＭＣＪＰがＪＡＳＲＡＣへの窓口として、登録から管理まで代行します」と委託者の便宜を図った。「面倒くさいなあ」という理由から、ＪＡＳＲＡＣとの腐れ縁を絶てないということがないように配慮したわけだ。「ＪＡＳＲＡＣよりも手数料が安い」というだけでは、契約はとれない。

著作権等管理事業法がスタートした時点では、とにかく契約をひとつでも多くとって、委託件数を増やさなければならなかった。一件一件の契約の積み重ねがJASRAC独占の牙城を切り崩してゆくのだ。ローマは一日にして成らずである。

契約件数のみならず、許諾徴収分配という著作権管理事業の基本的な業務実績を着実に積み上げて、参入できていない支分権や利用形態に関する権利者からの委託も受けられるよう文化庁にも認めてもらうよりほかに手はなかった。

なにしろJASRACが送りつけてきた「管理委託範囲選択・変更の手続きのご案内」の日付は二〇〇一年八月なのである。四支分権と七利用形態の変更パターンは十五類型で示されていて、いかにも選択肢が多く、自由度が増した印象を与えるが、たとえJASRACの内部規程とはいえ、これまでJASRACしかなかったわけだから、委託者全員にとっては、このルールに従うよりない（契約解除という選択もふくめて）。

独占支配の枠組みは十分有効に機能しているといわざるをえない。しかも、文化庁がこれを追認するかたちでは、新規参入の管理事業者には、支分権では録音権等、利用形態ではインタラクティブ配信のみを管理するという選択しかなかった。

著作権管理事業の根幹を規定するものが、管理委託契約約款と使用料規程である。

JASRACの場合、新法施行に合わせ、いずれも二〇〇一年十月二日に届出を済ませている（ちなみにイーライセンスが管理委託契約約款と使用料規程を届け出たのは、同年十月二十六日である）。

管理委託契約約款はつぎの約款、規程からなる（二〇一五年現在）。①著作権信託契約約款、②著作物使用料分配規程、③収支差額金分配規程、④私的録音補償金分配規程、⑤私的録画保証金分配規程、⑥管理手数料規程、⑦信託契約申込金規程、⑧私的録音補償金管理手数料規程、⑨私的録画補償金管理手数料規程、⑩信託期間に関する取扱規準。

さらに使用料規程は、第一章総則につづき、第二章で十五の節に分かれて使用料を定めている（二〇一五年現在）。すなわち、①演奏等、②放送等、③映画、④出版等、⑤オーディオ録音、⑥オルゴール、⑦ビデオグラム、⑧有線放送等、⑨貸与、⑩業務用通信カラオケ、⑪インタラクティブ配信、⑫ＢＧＭ、⑬ＣＤグラフィックス等、⑭カラオケ用ＩＣメモリーカード、⑮その他。ただし、項目により実施の日もさまざまで、詳しくは附則（実施の日）に記されている。原則として、文化庁長官が使用料規程を受理した日から三十日を経た日から実施される。

重要な問題が未解決のまま残っていたのが、①著作権信託契約約款の第3条1項である。〈委託者は、その有する全ての著作権及び将来取得する全ての著作権を、本信託の期間（以下「信託期間」という。）中、信託財産として受託者に移転し、受託者は、委託者のためにその著作権を管理し、その管理によって得た著作物使用料等を受益者に分配する。この場合において、委託者が受託者に移転する著作権には、著作権法（昭和45年法律第48号）第28条に規定する権利を含むものとする〉

「その有する全ての著作権及び将来取得する全ての著作権を」となると、著作者、著作権者はそのすべての権利を信託契約が有効な期間は、ＪＡＳＲＡＣに移転することに同意することになる。最後に記された著作権法第28条に規定されている権利とは、「二次的著作物の利用に関する原著作者の権利」をいう。原著作者は、二次的著作物の利用に関しても二次的著作物の著作者と同じ権利をもつ。すなわち、委託者の権利のすべてというわけである。旧法下における全支分権の信託譲渡契約となんら変わるところはないではないか。

つづく第４条では、「管理委託範囲の選択」が定められているので、オール・オア・ナッシングではないにしろ、「将来取得する全ての著作権」にまで移転が規定されているのは、おおいに問題があった。契約時には存在しない将来の作品にまで委託者の選択の意思がまったく働かないことを意味しているのだから。契約後生まれる作品にいちいち管理委託範囲を選択されては実務が煩瑣になるからたまらん、という事情なのか。

さらに第６条。

〈音楽出版社である委託者（法人に限る。）は、あらかじめ受託者の承諾を得て、その事業部を単位として、受託者との間で複数の著作権信託契約を締結することができる〉

とある。先に述べた事業部制は、新法下で複数管理事業者が参入してくるので、考え出された制度である。先の３条で将来の著作権もすべて移転と規定しておきながら、音楽出版社はどうやって複数の信託契約を結ぶことができるのか。よくわからない。

つぎの問題は第８条。信託契約期間が五年だということだ。従来の五年間という慣例に従ったにすぎないというだろうが、五年縛りは新規参入業者に対していかにもアコギなやり方である。せめて三年にしてほしい。

最後に第９条。

〈信託期間は、委託者に次に掲げる事由がなく、かつ、その満了の六月前までに委託者が受託者に対して書面により更新をしない旨の通知をしなかったときは、その満了の時に更新されるものとする〉。

六カ月前に通知しろというのもずいぶんな話だ。三カ月前までに変更すべし。

こうしたことを文化庁に訴えたところで、まるで聞く耳をもたない。

では、規制改革推進本部なのか？　経産省なのか？　ほかのどこなのか？　この時点での駆け込み寺は公正取引委員会しかなかった。

こうした非合理、理不尽とも粘り強く闘ってゆかなくてはならない。

そんなわけで、「ささやかな反撃」は、公取委への相談からはじまった。

第十二章　続・ささやかな反撃

著作権等管理事業法が国会を通過、成立した後には、《音楽著作権の管理・仲介業　民間会社が初参入　ＪＡＳＲＡＣ独占60年で幕》（朝日新聞　二〇〇一年二月二十二日付け）、《イーライセンス　ＩＩＪ・おりこんＤＤも出資　音楽著作権　民間参入で活気　ネット分野強み　ＪＡＳＲＡＣに挑む》（日経産業新聞　二〇〇一年六月十九日付け）とメディア上においては、追い風がまだ吹いているような印象だった。

六月には、ＴＢＳテレビの「ＮＥＷＳ23」でも取り上げられ、その映像は十一分余りにもおよんだ。内容的には、音楽業界というか、ＤＴＭ（デスクトップ・ミュージック、すなわちパソコンで簡単に本格的なレコーディングができる）などの普及で音楽のつくり方も大きく変わるなか、デジタル時代に対応した法律の改正を受け、著作権管理が新しい時代を迎えているとまとめていた。イーライセンスも大きくフィーチャーされた。

民間会社が初参入

音楽著作権の管理・仲介業

JASRAC
独占60年で幕

社団法人日本音楽著作権協会（JASRAC《ジャスラック》）が六十年以上独占してきた音楽著作権の管理・仲介ビジネスに、民間の事業会社が初めて参入する。参入規制を緩和した新たな法律が十月に施行されるのに合わせ、インターネットで配信される楽曲を皮切りに、著作権使用料の徴収などを代行する。著作権管理に競争原理がはたらくことで、手数料の引き下げや様々な音楽の普及につながりそうだ。

（経済面に関係記事）

新規参入するのは「イーライセンス」（本社・東京、資本金八千万円）。トヨタ自動車系商社の豊田通商、大手広告代理店の博報堂、NTTグループのNTT−MEコンサルティングなどの出資で昨年十月に設立された。

JASRACは楽曲をCD化したり、テレビやカラオケで流したりする際の作品使用料や仲介手数料をCDやテレビといった分野ごとにほぼ一律に設定、作詞家らはJASRACに著作権を信託する契約を求められ、交渉権を渡していた。

これに対し、イー社は社員を当面二十人程度に抑えるほか、著作権者とネットで委託契約を結ぶ仕組みを整えるなどしてコストを削減。手数料をJASRACより安く設定する。当面は大手レコード会社に属さない独立系アーティストなどを対象にネット配信やCD−ROMなどデジタル化された著作物を扱う。地上波テレビが完全にデジタル化されるのを待って、放送などでの著作権管理も検討する方針だ。

《民間会社が初参入：JASRAC 独占 60 年で幕》
2001 年 2 月 22 日付け朝日新聞より

そのころ、以前から昼食時に使っていたレストラン、おそば屋さんで立て続けにご主人やスタッフに声をかけられ、「この間テレビに出ていたでしょう。みたよ！　みたよ！」

テレビってすごい、ものすごい波及力をもっているんだと、つくづく思い知らされた。

ご協力いただいたテレビ局のみなさんには感謝しかないのですが……似合わないなあ！

しかしその後、そんな追い風はいきなりきつい向かい風に変わった。

二〇〇一年十一月十八日、朝起きて朝日新聞を広げた瞬間に首をかしげるＪＡＳＲＡＣの一ページの全面広告が目に飛び込んできた。《著作権が支える世界の文化――注目される日本の音楽著作権管理の動向》というタイトルが目をひく、著作権協会国際連合事務局長のエリック・バティスト氏と作曲家の服部克久氏の対談である。服部氏は当時、JASRACの理事であった。

しかし、あくまでも作曲家のひとりとしての意見らしい。

〈日本の音楽著作権管理は世界でもトップレベル〉〈著作権使用料は作家の給料　BGMにも欧米レベルの保護が〉〈インターネット上の海賊行為は文化の否定〉とつづけたあげく、最後に〈著作権管理に競争原理の導入は不毛〉と結論づけていた。

〈服部「（略）JASRACは60年以上前に大先輩の作詞家や作曲家が自らの著作権を守ろうとして築き上げた組織です。公益法人としてまったくの非営利で、使用料から生まれる管理手数料だけで運営されており、運営経費を除いて全部著作権者に還元しているのです。著作権団体は、本来営利目的であってはならないのです。著作者の利益を第一に考えれば当然なことです」

バティスト「（略）日本で著作権管理に競争原理が導入されることに何の意味があるのでしょう。（略）」

服部「文化とは売れるか売れないかという経済次元の問題ではないはずです。売れてはいないけれど良い作品はたくさんある。売れない作品もキチンと平等に管理されるかどうかによって、著作権が本当に文化保護の役割を果たせるか否かが決まります。

競争と効率の論理による著作権管理でそれを果たせるでしょうか。私の答えはノーです」

著作権等管理事業法が施行されてから、四十八日しかたっていないのに、というかもう施行されて四十八日が過ぎたというのに、どうだ、この堂々たる全面否定。これを看過することはできず、イーライセンスは文化庁に対して正式に抗議した。

「ＪＡＳＲＡＣは指定管理団体である。しかも著作権管理団体としてはリーダー的存在であり、公益を目的とする法人である。そのＪＡＳＲＡＣが自らも参加し、かつ、数年来専門家、関係団体代表らの議論の末に成立、施行へとこぎつけた法律に対して、施行直後に真っ向から反対を唱えるというのはどういうことなんだ。文化庁はきちんと指導すべきではないか」

この問いに、文化庁はただひと言回答してきた。

「これは単に一事業者の主張である」

個人的には、服部先生にはワーナーミュージック・ジャパン時代、たいへんお世話になった。人間的にもビジネス上でも尊敬する大先輩であり、とても個人的な反論などいえるわけもない。

しかし、一歩下がって考えるに、ここではあくまでもＪＡＳＲＡＣの理事というお立場での発言である。申し訳ない気持ちもありながら、抗議せざるをえない……しかし、後日先生から暖かいメッセージをいただいた。「意見の違いはあるものの、著作権管理事業を良い方向に進めるために頑張ろう！」といった内容だった。これには頭を垂れるしかなかった。

その広告が掲載されてから八日後の十一月二十六日、ＪＡＳＲＡＣと新規参入管理事業者との事業者間協議第一回がＪＡＳＲＡＣの会議室で開催された。新規参入業者としてイーライセンスとＪＲＣが出席した。

二十六日の日程はだいぶ前から調整されていたので、このタイミングでの広告掲載は、あきらかに「複数の事業者による著作権管理は認めていないぞ」と喧嘩を売っているようなものだ。こうした牽引にいちいちとりあっているわけにはゆかない。

それにしても、この一件で、ＪＡＳＲＡＣ＝文化庁ラインの堅牢なつながりが保持されているということが確認された。

文化庁にもうなにをいってもムダということなのか？　疑問が頭のなかを駆け巡っていた。

協議の内容は、新規参入者に対して、これまで独占してきたＪＡＳＲＡＣがどこまで柔軟な対応をしてくるのかという点だが、これは期待するほうが無理だった。各種データについては、こちらのデータベースをまず公開せよというし、委託先が変更になったときにも情報は削除せず委託先情報を更新せず抽出も不可とし、ネット上の違法コピー監視システムは自前で用意せよ、作品届けの書式はＪＡＳＲＡＣのものを共有化することには反対しなかったが、おおむね各団体に個別処理対応を求めるという態度だった。

しかし、このような議事録にはなっているが、ＪＡＳＲＡＣ側の代表人格として出席していた細川常務理事の対応ははなはだ紳士的で、かつ管理事業法が施行されたいま、なんとか管理事業者間の調整を速やかにおこない、権利者の方々に不安を与えないための仕組みづくりを進めようという考え方を提示していただいたという印象が強かった。ＪＡＳＲＡＣにもこういうひとがいるんだ、とある種の驚きもあったくらいだ。それにひきかえ、脇を固めるスタッフの目つき自体およそ柔らかな対処など期待できない雰囲気だったので、先行きに不安が走ったのはいうまでもない。

スタッフとの具体論となるとギクシャクしつつも、細川さんの配慮を感じ、技術的なことなど、今後は各ワーキンググループを設置し検討することとなり、散会した。

その後知りえたニュースとして、細川常務理事は前回協議の後、体調を崩され、お亡くなりになったとのこと。ただただ残念に思い、ご冥福を祈るしかなかった。

この時点で、翌年四月一日をもって、音楽著作権の複数管理事業者による管理がはじまるということは確定していた。それまでに管理業務が円滑に行われるようにシステムと実務の構築を完成させなくてはならない。また、インディーズ系やＪＡＳＲＡＣ非会員の権利者を中心に契約作業も推進しなくてはならない。当時、こうした業務にあたった社員は確か四〜五名だったので、いかにシステム化により省力化を図ったとはいえ、目が回る忙しさだった。

十月七日からはじまった米英を中心とした有志連合軍のアフガニスタンへの空爆をはじめとする攻撃は、圧倒的な戦力をもって、十一月十三日には反タリバン勢力である北部同盟が首都カブールを制圧、世界はアフガニスタン復興支援へと向かったが、年が明けるとジョージ・ブッシュ米大統領はイラク、イラン、北朝鮮を「悪の枢軸」と名指し、アメリカの正義は世界に不穏な暗雲を漂わせた。

二〇〇二年四月一日、音楽著作権の複数管理事業者による管理業務開始。

その後、四月十七日と五月十三日、ＪＡＳＲＡＣとの事業者間協議の第二回と第三回が開催されたが、ＪＡＳＲＡＣ側の出席者は第一回とは全員交代、新たな顔ぶれのふたりが出席。そこには細川常務理事の存在はなかった。そして、彼らの対応は最悪だった。

前回から半年近く間が空いたとはいえ、まったく議事内容の引き継ぎがなされていない。議事録の確認はもちろん、最後に確認した相互の検討事項などどこ吹く風、まるっきりなかったことになっている状態、ただただ呆れるほかなかった。

たとえば、インタラクティブ配信における包括契約は、管理事業者が増えれば、それだけ使用料が加算されてゆくという問題を抱えているが、JASRACの回答は、

「実務担当者を同席させて解決するのであればそうするが、われわれは具体的な問題点を把握していない」「包括契約はJASRAC管理楽曲を自由に使うことに対する契約であり、四月以前も以降も変わっていない」「使用料総額が増えたのであれば利用者がJASRACに協議を申し入れればいい」

と、四月からの新体制化において問題が生じても、それは利用者との協議事項であって、ほかの管理事業者とJASRACが協議すべき問題ではないという言い分だった。

さらに、権利者へ分配するときのプログラム・データのフォーマットを公開してほしいと要望すると、

「プログラムの著作権はJASRACにある。今日まで理事会においてもそのような協議はなされていない」

と、にべもなく、そもそも「この件はJASRAC内部で伝達されていない」というので、今後はきちんと議事録を作成し、協議内容を確認できるようにしてほしいとイーライセンスが伝えると、

「議事録を作成して運営してゆくつもりはない。だいたい、協議会などと称しているが、これは団体間協議ではないし、定期的に話し合ってルールを作ってゆこうというスタンスはない」

とまではっきりといいきった。そうした言い方の根底にあるのは、そもそも「競争の原理を導入した複数管理事業への拒否反応」「管理事業者が複数化することは、利用者にとっては不便になる」という主張そのものだった。あたかも、「思いっきり不便になって、利用者がそれに気がつけばいいいんだ」とまでいいきっているようなものだった。

第三回は、主に分配時のデータについてのやりとりが中心だったが、結論は「分配データの共有化については対応できない」というJASRAC執行部の判断を明確にしただけだった。

新規参入者は思いっきり苦労したらよかろう、といわれているような気分になった。

さてこんな協議を経て、将来にわたりわれわれがなにをしなければならないのか、これまでの想定を遥かに超えた対応策の必要性を、強く感じた瞬間だった。

第十三章　「はてさて」公平公正な競争って何なんだ

二〇〇二年四月一日からイーライセンスが音楽著作権管理業務を開始してしばらくたった頃、「財界」から取材を受けた。その記事が同誌八月二十日号に掲載された。《オリックス、博報堂、豊田通商までも参戦する音楽著作権ビジネス！》というタイトルがついている。〈「著作物は使われてこそ。お預かりした曲を最大限利用して頂くということが我々のテーマ」〉〈「今、インターネット配信での楽曲の権利クリアランスが課題になっています。ＩＴ産業が広がる中で著作権がコンテンツ普及の足かせになってはいけない。むしろ権利が新しい産業の発展をサポートすべき」（三野社長）〉という意見をはじめに引いて、イーライセンスでは、〈利用者の曲名検索から利用申請などの手続きがネット上で完結する仕組みを整えている。扱う著作権はＣＤなどへの録音権、インタラクティブ配信権で、ネット配信における著作権管理に特化する。管理手数料は録音権で五％、インタラクティブ配信では一〇％とＪＡＳＲＡＣより安価。／今期売り上げ予想は五億円だが、月に十件以上の権利者からの委託を受け、来期は黒字化を目指す〉と紹介された。

記事の後半には、ＪＡＳＲＡＣの加藤衛常務理事やジャパン・ライツ・クリアランスの荒川祐二社長の発言もある。加藤氏は二年間で十数億円を投じたデータベースの再構築をアピールし、〈「荷物が盗まれることがわかっているトラックに誰も荷物を預けません」と加藤氏は強調する。こうした使命感がネットワーク上のコンテンツ流通をふまえた高度な著作権保護システムの構築に繋がっている〉また、荒川氏は「実際にコンテンツがどう使われ、どういう形で（使用料が）返ってくるのかという、具体的事例の積み重ねが大切」と新規参入組として慎重な態度を示している。


四月のサービスインの時点で、音楽著作権管理事業への新規参入組はイーライセンスとジャパン・ライツ・クリアランス（略称ＪＲＣ）の二社。

ＪＲＣは、音楽制作者連盟加盟社を中心とするプロダクション系音楽出版者などのメンバーが出資して、二〇〇〇年十二月に設立、新規参入した。

その後、ダイキサウンド（木村裕治社長）、ジャパン・デジタル・コンテンツ（土井宏文代表取締役）などがつぎつぎと加わる。


街は、サッカー・ワールドカップ日韓大会の話題で溢れていた。そんなころ――。

一九九五年九月二十一日から二〇〇二年四月一日までは、著作権の基礎となる「著作権法」をベースとし、永年著作権管理事業に許認可制をとってきた「仲介業務法」、そして新たに競争政策を導入した「著作権等管理事業法」に則って、イーライセンスはＪＡＳＲＡＣと闘ってきた。たしかに著作権等管理事業法の施行を受け新規参入は果たしたものの、事態は依然として窮屈で、手かせ足かせのままあがいているようなありさまだ。

じつは、ここにもうひとつ新機軸の対抗策となる法制があったのである。

著作権等管理事業法の主旨である公平公正な競争政策の実現という視点からみた競争法の活用である。

つまり、独占禁止法からみると、どうなのか。

二〇〇二年六月十八日、ＩＴ戦略本部における「e-Japan 重点計画――２００２」において〈公正取引委員会は、「デジタルコンテンツに関する公正かつ自由な競争を促進するため、デジタルコンテンツの取引等について、競争政策の観点から実態を把握し、２００２年度末を目途に競争政策上の課題と対応について取りまとめる」〉とされていた。

それを受けるかたちで、一週間後の六月二十五日、「デジタルコンテンツと競争政策に関する研究会」の第一回が開催され、〈デジタルコンテンツ取引に関し競争政策の観点から検討すべき問題点について〉議論がはじまった。

第二回（七月二十四日）、第三回（九月十日）は「映像コンテンツの制作および流通の現状」について、第四回（十月一日）は「音楽コンテンツの制作および流通の現状」について、そして第五回（十月二十二日）が「権利管理事業と競争政策」という議題なので、管理団体のひとつとして報告書の提出を求められた。当然JASRACも報告書を出したはずだ。第六回（十一月二十七日）が「デジタルコンテンツの技術的保護手段と競争政策」、第七回（十二月三日）が「著作権等の知的財産権と競争政策」、第八回（二〇〇三年二月七日）は論点整理にあてられ、第九回（三月二十四日）は「研究会報告書」の取りまとめについて確認作業が行われた。

座長は神戸大学大学院法学研究科・根岸哲教授（当時）で東京大学大学院法学政治学研究科・中山信弘教授をはじめ、大学教授、弁護士（イーライセンス設立前までお世話になってきた弁護士の枝美江先生も参加）、民放連著作権部副部長、デジタルコンテンツ協会法務本部法務部長など全十四名の会員で構成されていた。

第五回（十月二十二日）議題「権利管理事業と競争政策」においてイーライセンスが報告書のなかで指摘した問題点は下記である。

まず、制度的な問題点として、JASRAC信託契約約款第21条第2項について、著作権者の意思決定を制約するという点で懸念される。すでにＪＡＳＲＡＣが管理受託している著作物について、著作権者がなんらかの意向によって弊社をふくむ他の著作権管理事業者に管理を移行したいと考えた場合に、実質的にはＪＡＳＲＡＣとの著作権信託契約を解除しなければ移行することができない。

その際、たとえば著作権者が当該著作物の「インタラクティブ配信」にかかる管理のみの移行を望んでいたとしても、本条項は「インタラクティブ配信を他の事業者に管理委託した場合、その他の支分権及び利用形態はどこにも管理委託することはできない」という選択を迫っていることとなる。著作権者の意識からすれば、著作権管理上の「演奏権等に関する徴収漏れ」を避けることは当然であり、結果的に移行を断念せざるをえない状況になる。

さらにこの状況は、他の著作権管理事業者の立場からすると、ＪＡＳＲＡＣの独占的地位によって事業機会を潜在的に制限されているとも考えられる。

そもそも著作権管理事業者が著作権者から管理を受託する場合、信託譲渡という契約約款を使用すること自体に問題提議がなされてきた。

また、ＩＴ等インフラを中心とした現状の社会構造の変化は、信託法に基づく、新規音楽利用媒体の出現およびそのための著作権管理事業者の設立は「信託業務の当時予見することを得さりし特別の事情」であると解されることにより、ＪＡＳＲＡＣの五年という長期の契約期間を考えれば、途中解約も可能と考えるべきである。

また、「複数管理団体による著作権管理における検討項目」については、複数団体管理の実施に際し、各管理団体間での調整必要項目が記載されているが、なかでもインタラクティブ配信（根本的には、放送・有線放送についても）に関するいわゆる包括（ブランケット）契約の解釈および実施内容についての問題が生じている。

これまでの著作権管理事業者間協議においてＪＡＳＲＡＣは

○インタラクティブ配信に関しては、許諾はすべて包括、使用報告が個別となっている。

○今後は複数の管理団体があるのだから、当然その包括契約というのは、各管理団体の管理する楽曲についてという認識は働くはずである。

○使用料の請求について、インタラクティブ配信のストリームのブランケット方式の計算式における複数の管理団体の請求については、各管理団体の使用料の定め方による。

○利用者への請求が高くなってしまうことについて、調整する必要があるかどうかは、利用者がどう反応するかによる。

○今後実際にある利用者のサイトにおいてＪＡＳＲＡＣの管理楽曲の割合が少なくなることによって使用料の総額が以前より多くなったときに、その利用者がＪＡＳＲＡＣに対して協議の申し入れをすればよい。

○包括契約というのは別に管理事業者がひとつであることを前提にしているわけではない。ノンメンバーにも申請があれば分配している。しかもＪＡＳＲＡＣのレパートリーは日々増えている。複数の管理事業者ができたからといって料率を下げたり変更をしなければならないものではない。

――以上のような回答になっている（イーライセンス社議事録より）。

しかし、利用者団体の理解は、つぎのようだった。「基本的にはひとつの管理事業者しかなかったから包括契約を締結した」「これはすべての楽曲の権利処理がこの包括契約で対応できるということが前提だ」「現状のＪＡＳＲＡＣの対応では、利用者への請求が団体ごとに加算され、高くなってしまう」ので、「使用実績に併せた使用料徴収がなされるべきである」。また、「この問題については、これをＪＡＳＲＡＣだけの問題とは捉えずに、複数の管理事業者になったこととの問題であり業界全体で考えるべき問題だ」ととらえている。

この包括契約については、ＪＡＳＲＡＣが過去の独占的地位に基づき、利用者の事業収入の一定割合を著作権使用料として徴収するもので、複数の著作権管理事業者が存在する現在においても承継されている。

音楽著作物を複数の著作権管理事業者が管理しているからといって、利用者の利用する音楽著作物・事業収入が変化するものではない。よってＪＡＳＲＡＣ以外の著作権管理事業者が管理する著作物を利用することが利用者のコストアップ要因となり、著作物利用環境が阻害されることとなる。

著作権管理事業者数および使用状況に応じた按分処理など、弊社だけではなく利用者側からもＪＡＳＲＡＣに提案・申し入れを行っているが、現時点において見直しの意思はないとの回答を受けている。

つぎに、ＪＡＳＲＡＣにおける著作権者への新たな提案として、既存の信託契約者が他の著作権管理事業者に著作物を管理委託する場合に以下の二点の提案を検討しているとの見解を公式の場で表明している。

① 他の著作権管理事業者に管理委託した著作権者のＪＡＳＲＡＣ管理支分権にかかる管理手数料の値上げ（全支分権信託者との差別化）

② 正会員の場合は、正会員としての地位を存続させることの是非

実際にこのような措置がとられた場合はもちろんであるが、すでにこの見解を受けて著作権者が他の著作権管理事業者への管理委託を躊躇するケースが見受けられる。

現状の著作権管理事業市場は、既存のＪＡＳＲＡＣ信託契約者の著作物がその大半を形成しているため、これらの行為は著作権管理事業への新規参入の障害となっている。

――といった内容であった。

そして、「デジタルコンテンツと競争政策に関する研究会報告書――デジタルコンテンツ市場における公正かつ自由な競争環境の整備のために」（平成十五年三月）が公表された。

そのなかで〈2　独占禁止法上・競争政策上の課題及び考え方　(2)複数の著作権等管理事業者との包括契約〉のなかで〈いわゆる「包括契約」のような場合には、複数の事業者が著作権管理事業を行うことによって、利用者はそれぞれの事業者に対して包括契約に係る使用料を支払う必要が生じ、支払うべき使用料の総額が増加してしまうのではないかとの指摘もある。（略）著作権管理事業の分野への新規参入が行われなくなるなど、当該分野における競争阻害要因ともなりえるものであることから、複数の著作権管理事業者が存在し、活発な競争が行われていくことが利用者にとってもメリットが大きいものであることを踏まえ、複数の著作権管理事業者の存在を前提とした取引ルールが形成されることが望ましい〉としている。

さらに、〈(4)新規参入事業者の排除〉のなかでは、既存の有力な事業者による以下のような行為は、新規参入を不当に阻害したり、競争を実質的に制限する場合には、独占禁止法上問題となる。

① 著作権管理事業者が、権利者と管理委託契約等を結ぶ際、当該権利者が現在持つ、または将来持つことになる著作権法上のすべての権利を管理委託契約の対象とすることを条件とすること

②　既存の著作権管理事業者が、ある分野について独占的な地位にある場合に、新規参入事業者と競合する分野についてのみ管理手数料を引き下げたり、独占的分野と競合する分野の双方とも自らに委託する者を優遇すること

③　既存の著作権管理事業者が、新規参入した管理事業者に管理の一部または全部を委託した権利者に対して、その後一定期間は自らとは契約できないことを条件とすること

と明確に述べた。

これらの問題点は、まさに新規参入者であるイーライセンスが、それまで独占的に事業をつかさどってきたJASRAC（既存の有力な事業者）に対して抱いてきた疑問であり、競争政策に対する明確な阻害要因である。それをずばり「独占禁止法上問題となる」と明言したのだ。

しかし、ここまで指摘した報告書ではあるが、それがどこまで効力を持っているのか、その指摘に対しJASRACはどんな対策を打ってくるのか、状況は混沌としていた。

「はてさて」、公平公正な競争って何なんだ？　疑問は膨らむばかりだ。

第十四章 「勉強してみよう」独禁法

海の向こうでは戦争がはじまっていた。アメリカの大統領がふりかざす正義が、砂漠と石油の国の独裁者を追い詰めていった。作戦名は「イラクの自由」といった。

公正取引委員会。独占禁止法を運用するために、一九四七年に設置された機関である。行政機関としては、省庁のほかに組織された行政委員会のひとつである。組織上は内閣府の外局として位置づけられている。市場における経済活動を見張っている番犬のような存在である。

それでは、独占禁止法とは何か。正式には、「私的独占の禁止及び公正取引の確保に関する法律」という。その目的は、〈公正かつ自由な競争を促進し、事業者が自主的な判断で自由に活動できるようにすること〉である。〈市場メカニズムが正しく機能していれば、事業者は、自らの創意工夫によって、より安くて優れた商品を提供して売上高を伸ばそうとしますし、消費者は、ニーズに合った商品を選択することができ、事業者間の競争によって、消費者の利益が確保されることになります〉というのが公正取引委員会ホームページ（http://www.jftc.go.jp/）での説明である。
こうした自由な競争を阻害する行為を摘発する、いわば「資本主義市場経済の憲法」のような法律なのだ。

具体的に禁止、規制されている行為とは、
1 私的独占の禁止
2 不当な取引制限（カルテル）の禁止
3 事業者団体の規制
4 企業結合の規制
5 独占的状態の規制
6 不公正な取引方法の禁止
7（特別法である）下請法に基づく規制
などであり、これらを規制、禁止することによって、公正かつ自由な競争の促進が可能となり、事業者の創意が発揮され、事業活動が活発化し、雇用・国民実所得の水準向上が図られ、ひいては一般消費者の利益が確保され、国民経済の民主的で健全な発達が期待されるというわけである。

では、独占禁止法に違反した場合にはどうなるか。同ホームページによれば、

① 公正取引委員会では、違反行為をした者に対して、その違反行為を除くために必要な措置を命じます。これを「排除措置命令」と呼んでいます。

② 私的独占、カルテル及び一定の不公正な取引方法については、違反事業者に対して、課徴金が課されます。

③ カルテル、私的独占、不公正な取引方法を行った企業に対して、被害者は損害賠償の請求ができます。この場合、企業は故意・過失の有無を問わず責任を免れることができません（無過失損害賠償責任）。

④ カルテル、私的独占などを行った企業や業界団体の役員に対しては、罰則が定められています。

前年六月以来、公正取引委員会がデジタルコンテンツに注目し、独占禁止法に照らして違法な要素はないか、研究会を九回にわたって開催していることは、おおいに心強かった。

ちょうどそのころ、「オリコン」誌から取材を受け、二〇〇三年四月七日号にインタビュ

ー記事が掲載され、著作権管理業務をはじめて一年たった時点での問題点を指摘した。

〈三野　利用者側から見た時に、どの作品をどの管理事業者が管理しているのか、一目でわかるような、なんらかの方策が必要だという問題提起がなされています。管理事業者間で、我々も事業開始前からご提案させていただいていることですが、ネットワーク上にある種のゲートウェイを作るべきだと考えているんですよ。（略）

それから、もう一つ大きいのは、包括契約ということをどう考えるかということでしょうね。たとえば、ストリーミング配信の場合、各著作権管理事業者と利用者の間で包括契約を結びます。ＪＡＳＲＡＣの場合、事業収入の３・５％、我々だと３％としていますが、これでは事業者側にとって、管理事業者と契約するたびに事業収入の中から支払わなければならない使用料が何％かずつ、足し算されていくことになってしまいます。これはビジネスを行う上でも、常識的にはちょっと考えられない〉

〈――楽曲ごとの利用回数などは、ログをとることで把握できるわけですし、管理事業者ごとではなく、楽曲ごと、あるいは利用ごとの報告に基づく管理ということも技術的には可能ですよね。

三野　確かに技術的には可能ですが、ＪＡＳＲＡＣをはじめとする管理事業者側の使用料規程が対応していない。長い目で見た場合には、このような包括契約というのはやめた方がいいんじゃないかと思っていて、すべてデータをとることによって的確に

ネットワーク時代の
著作権No.1エージェントへ

誰もがネットワークで手軽に新しい音楽を受信でき、誰もがネットワークで自分の創った音楽を発表できる。そんな音楽の楽しみ方がもっと安全に、もっと自由に行われるべきではないでしょうか。

我々、e-Licenseは、そうしたデジタルメディアにおける新鮮な才能と新時代の利用者の為の、より公正で、より公平な著作権の環境を提案します。

従来のお仕着せの著作権管理ではなく、ネットワーク時代に相応しい"著作権エージェント"という発想で、個々のニーズに合ったオーダーメイドのサービスを。それはすなわち、アーティストや著作権者が、自分の著作物の活用法を「選べる」という新しい自由の実現に他なりません。

e-Licenseは今、我々の目の前に開かれているネットワークでの自由な音楽クリエイティブをサポートし、時代の要求の先を行く著作権ビジネスと、次なる時代の音楽シーンを活性化してまいります。

設立時メッセージ

使用状況を把握し、それに沿って使用料を徴収するべきだと思います〉

さらに私的録音補償金制度の分配について、違法使用監視システムの共通化、統一化が必要だということも訴えている。

デジタル・ネットワーク上の問題は、フォーマットやシステムの共通化、統一化ということが、もっとも効率的に解決策を探る近道だということにみんなが気づいているはずなのだが……。

そもそも「ネットワーク時代の著作権No.1エージェントへ」というタイトルではじまるイーライセンス設立時のメッセージには、そんな課題がすでにテーマとしてこめられていた。

その実現には公平公正な競争が必須要件である。

となると、公正取引委員会がなすべきこと、その存在意義、すなわち本当の意味での著作権等管理事業法の主旨である競争政策とその阻害要因に関して、独禁法という視点での勉強の必要性を強く感じていた。

重い腰を上げて、独禁法とこれまでの判例についての勉強を開始した。

第十五章　この「印籠」もとい「イエローカード」が目に入らぬか

公正取引委員会が独占禁止法違反事件を処理する手続きの最初の段階を「端緒（すなわちこれが始まり）」という。具体的にはつぎの四つがある（http://www.jftc.go.jp/ より）。

○職権探知（公正取引委員会が自らの問題意識で行う調査）
○一般人からの報告（申告。違反事例ではないかと申し出ること）
○課徴金減免制度の利用（違反を犯した会社が自ら申し出ることで、課徴金を減免してもらうこと）
○中小企業庁の請求

その後、行政調査手続きとして審査部が「審査」に入るわけだが、犯則調査手続きとして公正取引委員会の犯則調査権限によって調査に入ることもある。

段取りとしては、調査の結果に基づいて、警告、排除措置命令、課徴金納付命令（以上に関しては、いずれも事前手続きとして事前通知と意見聴取が行われる）、緊急停止命令、刑事事件として検事総長へ告発といったことが考えられる。

その問題点の重大さにより警告、命令、起訴などの処分にいたってからは、刑事事件は地方裁判所で審理、排除措置命令と課徴金納付命令に関しては命令取り消しの訴えが提起された場合には、公取委による審判や東京地方裁判所で審理を経て、その結果、処分が確定するか、それに不服な場合には上訴という道が残されている。高等裁判所、最高裁判所へとすむことも可能だ。


二〇〇三年五月二十三日、イーライセンスは公正取引委員会に対し、JASRACの信託契約期間が五年であるのは不当に長く、複数管理事業が開始されても、結局のところ五年間は契約変更できないことから新規参入業者を著しく不利な立場に追い込んでいることから、三年に是正されるべきであること、契約更新時に変更を通知する猶予期間が六カ月であるのも、委託者の立場からは三カ月にすべきであること――以上二点の改善を申し入れた。

この申し入れに関して、公取委からの要請により、営業活動で走り回るなか、折衝先の著作権者（すなわち、音楽出版社）から聞いた「JASRACとの信託契約に係る問題点」をつぎの六点に整理して報告した。
1 「（録音権等およびインタラクティブ配信のみに関して）一度解約すると、元の契約期間内（最大五年間）は再契約できない」とJASRACにいわれた。……十一社

2　現状JASRAC契約者は二〇〇七年三月まで（二〇〇二年四月から起算して五年間）管理委託範囲の変更はできないといわれた。……二十九社

3　事業部申請時、約七万円の別途費用が必要だが、なぜ必要なのかわからないし、なぜ権利者に負担させるのか。わざと煩雑な手続きをさせているのではないか。……ほぼ全社

4　JASRACが先行して使用者と包括契約を結んでいるのは、他の管理事業者には不利ではないか。管理に参入しても本当に徴収できるのか。……十数社

5　イーライセンスへ契約を変更すると、JASRACからの分配金が減るという噂を聞いた。……数社

6　私的録音補償金も分配されないと聞いた。……数社

この報告を受け、公取委による意見聴取がJASRACはもちろん、多くの音楽出版社にもおよび、二年近い歳月を有したが、結果は二〇〇五年六月に突然発表された。

JASRACが著作権信託契約約款の契約期間を五年から三年に、契約変更申請の猶予期間を六カ月から三カ月へと改定したのである。公取委がJASRACへどのような警告を発したのか詳細は不明だが、公取委のイエローカードの効果を実感した出来事だった。

二〇〇四年九月三十日には、私的録音補償金の分配問題と包括契約問題についても、詳細

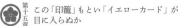

な意見書をもって、イーライセンスは公取委に是正を求める申し入れをおこなった。

包括契約問題はすぐに解決するものではなかったが、私的録音補償金の分配については、信託契約約款の変更より先んじて、二〇〇五年四月一日からおこなわれるようになった。

以上三点の改善は、公取委を間にはさんで闘った第一ラウンドの小さな成果ではあったが、重要かつ意味ある一歩だった。


私的録音補償金の分配問題について、若干の説明を加えよう。

元来、私的使用のための複製行為は著作権法30条において認められてきたが、デジタル時代を迎え、家庭用機器でも、デジタル・データの場合には、原理的に複製にともなうオリジナルの劣化が認められない（これがデジタル技術の画期的な部分で、情報文化の複製技術に革命を起こしたといってもいいだろう。著作権法の複製権にも大きく影響を及ぼしている）ので、デジタル方式による録音・録画のための機器ならびに記録媒体、すなわちCD、DVD、BDなどの規格によるレコーダーならびに録音・録画用ディスクには、一九九二年の著作権法改正により、一定の補償金が価格に加算されることになった。

ちなみに録音機器は価格（カタログ記載のもの。以下同）の六五％×二％、録音媒体は価格の五〇％×三％、録画機器は価格の六五％の一％、録画媒体は五〇％の一％にそれぞれ消費税をのせた金額が補償金として利用者が負担し、それが私的録音補償金管理協会（略称S

ARAH）や私的録画補償金管理協会（略称SARVH）にプールされ、関係団体へ定められた料率で送金、その後各団体から権利者へ分配される仕組みになっている。売場でディスクの価格が録画用のほうがデータ用よりも高いのは、補償金の加算分なのである。

もっともこの制度が十全に機能しているかどうかは、おおいに議論のあるところではあるが。

いずれにせよ、私的録音補償金の三六％はSARAHからJASRACに送金されて、分配されているのに、イーライセンスには回ってこない。イーライセンスに委託している権利者も当然分配を受ける資格はあるのにもかかわらず、である。

そこで、二〇〇四年五月十日に、「SARAHによる私的録音補償金分配に関する改善の申し入れ」という文書をJASRACとSARAHに送ったのである。

同時に、規制改革会議に宛てて、「文化庁は監督官庁であるにもかかわらず、この件に関してまったく何もしないのはおかしいではないか」と会議から文化庁に確認をとるように要望した。

七月二十七日に文化庁著作権課から規制改革会議あてに回答が送られてきて、いわく、「ご提案のあった私的録音補償金の著作権者に対する分配については、（社）私的録音補償金管理協会（ＳＡＲＡＨ）の規則に基づき、（社）日本音楽著作権協会（ＪＡＳＲＡＣ）を通じて分配されているものであり、国が規制を設けているものではありませんので、貴社とＳＡＲＡＨで、よく相談していただきたいと思います。なお、ＳＡＲＡＨからの話によれば、ＪＡＳＲＡＣへの非委託者であっても、ＪＡＳＲＡＣへ補償金の分配請求を行うことにより、ＪＡＳＲＡＣへの委託者と同様に分配金額が算定されることとされていますので、権利者であれば平等に分配を受けることができる制度になっています」

そんなことは先刻承知なのだが、木で鼻をくくったような答えである。

ＪＡＳＲＡＣに問い合わせると、

「そんな分配請求は権利者から一度も受け取ったことはない、だから支払ったこともない」

という回答だった。

しかし、ここで重要なことは、イーライセンスが規制改革会議を通してモノ申したという点である。文化庁のような組織から反応を引き出すにはどうしたらよいか、さんざん苦労してきたが、ホームランとはいかないまでも、ヒットの手ごたえは十分にあった。

八月五日、文化庁著作権課で吉川晃著作権課長ほか一名と面談の機会が訪れた。

議題はほかでもない「私的録音補償金分配方式に関する改善の申し入れ」についてである。

吉川課長はおおいにイーライセンスの立場を汲んだうえで、

「もしJASRACが、イーライセンスがまとめて請求することや、手数料などの点で、請求を拒むようならば、相談してほしい。拒むことはないと思うが……」

といってくれた。これは「拒むはずがない」という明確な答えだった。すでに著作権課とJASRACの間では、この件について話がついていたのではないか。

さらに吉川課長に、

「JASRACはイーライセンスから手数料を取りたいともいっているんですが……」

というと、

「非委託者について本来は個別に処理しなくてはならないところを、イーライセンスがまとめて請求し分配するといっているんだから、JASRACから手数料を貰ってもいいくらいじゃないか」

とまでいってくれたのである。


その後JASRACとの調整ミーティングがはじまった。

しかし、著作権課の言い回しほど簡単ではない。たしかに分配せざるをえないこと、手数料を天引きすることはできないこと、はどうやら確認済みの様子だったが、いつものことでここからがJASRACの真骨頂、計算方法がどうだの、手数がかかるので簡単ではない、てなことで少しでも金額は小さく、開始タイミングは先延ばし、とつぎからつぎへと屁理屈が繰り出されてきた。

とりあえず、この場は、まずは分配させること、早期の解決が目的だ、思いきった割り切りでこの場を凌ごうと考え、交渉にあたった。

そして、翌年四月一日から、JASRACは手数料を取ることもなくイーライセンスに分配金を全額送金してくるようになったのである。規制改革会議の隠然たる影響力を感じずにはいられなかったが、それ以上に官僚システムのあり方の一片を実感した局面だった。


じつは、いきなり規制改革会議を思いついたわけではない。

当時オリックスの宮内義彦氏が小泉政権下で、規制改革・民間開放推進会議議長として既得権益を必死に守ろうとする勢力と闘っていた。しかしもともと規制改革といえば、通信事業における第二電電、郵政にまつわる宅急便、そして航空事業での競争政策、それぞれに巨大な業界であり、わずか一千億円程度の音楽著作権の業界のことなどには目もくれないのではと思っていた。

当時オリックス・グループのとある会合で宮内さんと会話する機会がめぐってきた。そこで社会インフラとしての著作権管理事業、そしてアナログからデジタルに移行したコンテンツ業界の課題、集大成としての知財戦略、こんな世界の改革に熱弁をふるう男に、宮内さんがなにか感じてくれたところがあったのかもしれない。

その後、二週間と空けずにオリックスの社長室へ通いはじめた。社長室のメンバーに事業の重要性を説き、管理事業法が施行されても課題山積、その改善には国としても取り組んでほしい、かつ、監督官庁の積極的関与に期待が持てないこと、そんな愚痴もふくめた相談が規制改革会議へのパイプづくりにつながっていった。

そもそもオリックスとのご縁は当時の港支店の営業マン中川智博（現大分支店長）氏にはじまり、まとめ上げてくれたのは支店長亀井克信（現オリックス自動車社長）さんだった。彼とはその後も多方面でおつきあいが広がり（もとはといえば、彼も大の音楽ファン、自らハコバンバックに玄人裸足のボーカルも披露していた）、そして根っからの野球好き高じて岡添球団社長や石毛監督（ともに当時）とも意気投合、ブルーウェーブのコンサルティングらしきお手伝いもした。そんなこんなでオリックスのみなさんにはおおいにお世話になり、いまでもそれが続いている。

ここでもまたひとのつながり、出会いが何かを生み出すんだなあ！　と痛感した。なにごともひとりではなしえないのである。

第十六章　「チャンス到来」と思いきや……

音楽著作権管理業務をはじめた当初、管理楽曲数一七〇四作品、委託契約者数（個人一四二、音楽出版社四六）一八八であったが、三年後の二〇〇五年三月時点で管理楽曲数八九〇六作品、委託契約者数（個人四六二、出版社一二〇）五八二、その年の六月三十日にはついに管理楽曲数は一万作品を超えた。

国内外の管理楽曲数二百万を優に超えるＪＡＳＲＡＣとは比べようもないが、権利者の方々はもちろん、アーティストダイレクトの会話もふくめ走り回ってきたことが一万曲超えにつながったのだから、その責任を実感しながらも、スタッフみんなで乾杯したことが記憶に残っている。

ちなみに、二〇〇五年度の使用料徴収額は全新規参入事業者をかき集めても数億円程度、ＪＡＳＲＡＣの約一千百億円とは比べようもない。市場占有率は九〇数％。ほぼ独占状態が継続されていた。

二〇〇五年三月三十一日には、監督官庁である文化庁のはじめての立ち入り検査があった。文化庁の監督下にあるイーライセンスであるからには当然の検査であったが、受けるほうの気分からすれば、どう対応すればよいのか、どんな点がチェックポイントなのか、担当したスタッフ間では戸惑いもありつつ戦々恐々とした雰囲気も感じていた。しかし、終わってみれば特段の問題もなく（他の管理事業者では何点かの指摘を受けた事業者もあったようだが）「よくできました」桜マークを頂戴した。非の打ちどころなし！

よし！　チャンス到来！　この結果を背景に、新規支分権へと管理範囲を拡大しようとの思いが増幅していった。いきなりは絶対不可能と想定される演奏権等を除き、放送権、有線放送権、業務用通信カラオケ、貸与権、出版権がその対象となった。

なかでももっとも徴収額が大きい放送権に関し、翌二〇〇六年四月一日の参入へ向け、団体間交渉によって使用料規程を詰めてゆかなくてはならない。本来、こうした利用者団体との団体間協議は、指定管理団体（ジャンルごとに一団体、音楽ジャンルではＪＡＳＲＡＣ）にのみ課せられ、イーライセンスは任意管理団体であり、使用料規程に関する意見聴取の義務はあるものの合意の必要はない。しかし、イーライセンスのポリシーとしては指定管理団体であるＪＡＳＲＡＣと同様の着地を目標に、丁寧に手順を踏むなかで、納得のゆく合意をめざしていた。

ということから、まずは民放連と団体間協議に入ることになった。七月十九日、その旨民放連（正しくは一般社団法人日本民間放送連盟）に「楽曲の放送使用に関する著作権管理業務についての協議の申し入れ」という文書を送付した。

何回かもたれた初期段階の協議のなかで、鮮明に記憶に残る協議は、十月十一日のものだ。それに先立ち、八月二十九日にイーライセンスから「放送に関する管理事業参入にあたっての当社の基本方針とご提案」という文書を提出した。

当方の提案というのは、

①当面はブランケット契約（包括許諾・包括徴収）とする。

②使用料率はＪＡＳＲＡＣと同率に。

③報告についてはＪＡＳＲＡＣと協議のうえ、統一的な使用曲目報告書を定める。

④今後の放送権管理の実務のあり方について合同の研究会を設置する。

——という四項目である。

十月十一日の協議は、午前十一時から、イーライセンスの会議室ではじまった。

冒頭、民放連の事務局次長がいった。

「四項目のご提案を受け、去る十月五日に連盟において臨時専門部会を開き、検討いたしましたが、結論から申し上げると、ご提案内容は十分理解できるものの、実現はむずかしいのではないか、ということです。まず、文化庁著作権課に問い合わせると、イーライセンスとは話をしていないし、管理事業者同士が話し合うのは、独占禁止法上むずかしいのではないかということでした。また、JASRACに問い合わせますと、支払われた使用料をイーライセンスと二社で分割を協議することは、独占禁止法上むずかしいし、そもそも包括契約というものは、数字の幅にブレが出ることを前提としているので、イーライセンスが市場占有率五〇％近いというのならともかく、現状では、〈誤差〉の範囲であって、新規参入してきたところで、JASRACの徴収額が減じるといったものではない、とのことでした。ですから、イーライセンスにお支払いする使用料は、たとえば、許諾と支払いは分けて考え、許諾は包括的に許諾していただき、支払いは個別チェックでお支払いするというテもあるかと」

「JASRACへの支払いが変わらないのであれば、JASRACからイーライセンスへ委託契約を移した著作権者や、まったく新たにイーライセンスと委託契約を結ぶ著作権者の使用料も、JASRACへの支払いに含まれることになるじゃないですか。あるいは、イーライセンスへの支払いはアドオンされるのですか」

「いや、そもそも管理楽曲数の割合でJASRACとイーライセンスが使用料を分割することが、本当に独禁法にふれるかどうか疑問ですな。イーライセンスがJASRACと料率をそろえたのは、イーライセンス独自の判断だし、管理楽曲数の割合で使用料をシェアするのは合理性があると思いますよ」

「ＪＡＳＲＡＣの包括契約が新規参入を阻害しているから独禁法違反だという意見はたしかに公正取引委員会にもあるようだし……」

「その論点はＪＡＳＲＡＣの独禁法違反であって、なにも民放連が違反しているわけじゃない」

「たしかに著作権等管理事業法が複数管理を認めた以上、いつまでもＪＡＳＲＡＣに現状支払っている百十七億円で収まるのか、という疑問はありますよ」

「ＪＡＳＲＡＣと交渉するときには、ＪＡＳＲＡＣ九九％に対しイーライセンス一％ということでいいでしょうか」

「よいと思います」

——この時点では、双方から率直な意見が飛び交ったのを覚えている。


しかし、だ。数日後、当日の議事録を民放連に確認を求めるために送付したときから反応は一変した。

まず、議事録の存在自体を否定し、それぞれの発言はあくまでも個人的なものであり、民放連の公式な見解ではない。さらには、そもそも協議の場ではなかったとしたのだ。

公式な協議申入書を送付し、提案書も受領され、その検討もされたうえでの協議の場である。その後、連絡を受けた事務局次長の異動なんてことも、なにか思いもよらない不思議な力が働いているかのような錯覚に陥ったぐらいだった。

しかし重要なことは、ＪＡＳＲＡＣが新規参入者の事業規模を〈誤差〉としてしか認識しておらず、著作権等管理事業法が複数管理を可能にし、自由な競争による公正な著作権管理を立法事実としていたにもかかわらず、新規参入者を無視したＪＡＳＲＡＣの驕った考え方こそが、独占禁止法上の犯則行為なのではないか。わかりやすくいえば「市場占有率五〇％がみえてきたら、顔洗って出直してこい」っていわれている感じである。

しかも、それをもし文化庁著作権課が容認しているとすれば、問題はさらに深刻だ。

翌二〇〇六年九月八日に公正取引委員会は、〈「独占的状態の定義規定のうち事業分野に関する考え方について」の一部改定について〉という文書により、従来の「独占的状態ガイドライン」を一部改定し、九月八日から運用することを公表した。同ガイドラインは一九七七年十一月二十九日に作成、公表されて以来、じつにたびたび見直され、今回で十六回目の改正となるものだ。同文書別紙において、ＪＡＳＲＡＣは公正取引委員会の監視対象事業者とされた。すなわち、一千億円を超える市場規模をもつ音楽著作権管理事業において、管理事業法施行後も、九十％以上の市場占有率をもっていること自体が独占禁止法にふれている恐れがあるとして、監視対象とされたのである。

イーライセンスと民放連との協議（初期段階の判断は訂正され、以降は正式な協議の場としての認識は共有された）は翌二〇〇六年夏まで頻繁にもたれたが、協議の中心課題は、つねにＪＡＳＲＡＣによる包括契約だった。

この包括契約を崩さないかぎり、ＪＡＳＲＡＣへの使用料支払い額にイーライセンス分が加算されてしまうというアドオン構造によって放送権管理への本格的な参入は閉ざされてしまう。しかし、ＪＡＳＲＡＣとの直接交渉ができない状況では、民放連とＪＡＳＲＡＣの交渉を見守るしかない。その進展がないままであれば、どこで折り合いをつけるのか、包括許諾・作品別徴収というイーライセンスが望まない案も協議のテーブルの上では対象とされていった。

いっぽうで放送権管理への参入の道を探りながら、包括契約が新規参入の阻害要因であるならば、ＪＡＳＲＡＣによる独占禁止法違反での提議の必要性も強く感じはじめていた。

第十七章 「覚悟」はできているか

民放連はイーライセンスとの協議と並行して、JASRACとも包括契約の見直しを協議していた。そして、JASRACは二〇〇六年九月二十一日にNHKおよび民放連と放送権に関する包括契約を四月一日にさかのぼり合意する。

それは、JASRACが独占していた従前の契約書とまったく同じ内容のもので、新規参入者をまったく無視したとしか思えないモノだった。書式まで同一、いったい合意にいたるまであれだけの時間をかけてなにを協議してきたのかわからない。

もっとも、JASRAC内部でも、ブランケット方式の包括契約については論議されていて、会報の附録から同年六月の通常総会の模様を知ることができる。

永六輔、小林亜星、中山千夏ら評議員がブランケット方式とクレーム分配金について追及している。

クレーム分配金というのは、実際に利用されているにもかかわらず、分配がないという申告があった場合に翌期の分配で調整を図っていることを指すが、その資金が決算書には未掲載だという。

「本来ブランケット方式にはそうしたクレームなどありえないはずではないか」

「じつは曲別方式からブランケット方式へ移行する際に、報告漏れに対応する方法として設けた制度がそのまま残っていたということだ」

と回答する執行部に対し、あれやこれや追及は続くものの、結局は「クレーム資金は計上されていない」ということがわかるだけで、真実はうやむやというか、テキトーにやっていたんじゃないのと外野からは突っ込みたくなる対応だった。

また、十一月の通常評議員会では、「イーライセンスの放送権新規参入によって、使用料の減額要請などの心配はないか」という評議員からの質問に対して、常任理事が、

「イーライセンス社がこの十月から、放送分野、有線放送分野の管理事業を開始すると聞いている。ただ、同社のその分野における管理楽曲数は50曲程度で、現状ではＮＨＫ、民放連ともにＪＡＳＲＡＣとの協定に影響を及ぼすとの認識はないと聞いている。極端な話ではあるが、将来的にＪＡＳＲＡＣレパートリーが現在の半分になるようなことがあれば、何らかの影響は考えられる。過去に、インタラクティブ配信分野のストリーム配信形式でも同様の問題を抱えたが、現状では他の管理事業者のレパートリーはＪＡＳＲＡＣレパートリーの一

％にも満たない。したがって、同程度であれば放送分野においても影響はないと考えている」（「JASRAC　NOW」会報588号附録より）

と発言している。

まるでこれまでの独占気分を引きずっているかのようなこうした認識こそ、公正取引委員会が定義している「他の事業者の新規参入を阻害する優越的地位の濫用」の証であり、「私的独占」にあたるものとして着目したものではないのか。民放連との協議で再三耳にした「JASRACはこういっているが……」というセリフがそのまま活字になっていた。

結局、当初のブランケット方式（包括許諾・包括徴収）では合意が得られず、権利者と事前に調整し固めていた参入時期である十月という参入のタイミングが迫るなか、まずは「実質的管理を開始するという事実」を最優先し、九月二十八日、包括許諾・個別作品ごと徴収方式でNHKおよび民放連と合意、放送における音楽著作権の管理を開始することになった。

しかし、実際の管理業務をはじめようとしていた最中、イーライセンスへの使用料支払いは、民放連がすでにJASRACと結んだブランケット方式による包括契約の使用料支払いにアドオンされることから、放送局はイーライセンスの管理楽曲は極力使わないようにするという作戦に出た。

いまから考えてみれば、事前に予測できたことなのかもしれないが、市場影響力を持つアーティストやヒット作品を管理対象とすること、そして当初の使用回数から算出される使用料は各放送局にとってそれほど大きな負担にはならないだろうとの予測から、当然回避できるのではと甘く考えていたのかもしれない。ご支援いただいてきた関係権利者やアーティストの方々への申し訳ない気持ちもふくめ大反省となってしまった。


たとえば、J-WAVEが番組担当者あてに配布した「イーライセンス社　放送使用楽曲の管理業務開始のお知らせ」には、わざわざご丁寧に【選曲時のお願い】として、「前述のとおり、別途報告・支払いなど煩雑な作業が発生します。＊やむをえない場合を除いて、当面は極力使用を避けるよう、お願いします」と付け加えてあった。

民放各局の対応もほぼ同じで、たとえば日本テレビは〈管理事業者「イーライセンス」への対応について〉という文書を「制作現場等への注意喚起措置につき」とした。そのなかで、イーライセンスの管理能力に対し、徴収額は測れないし、地方銀行並みといわれるJASRACの分配システムと比べると、そこまで整備できているとは思われない、管理資料の信憑性は低く、結論として積極的に評価できる状況ではないとしている。また、イーライセンスの管理楽曲を使うときには、JASRAC非管理楽曲であることを確認し、著作権を管理する音楽出版社にイーライセンス処理であるかどうかを確認したうえで、処理手続きに入るようにとしてあり、読んだだけでもいかにも面倒くさい。これも「できるだけ使わないように」といっているのと同じだ。

さらに、FM NACK5という埼玉の放送局にいたっては、〈楽曲オンエアの制限について〉として、大塚愛、幸田來未、Every Little Thingなど具体的にイーライセンスが管理するアーティスト名と作品名の六十曲リストを添付し、「オンエアを当分見合わせることに致します」としたのは決定的だった。後日、裁判では大きく問題視された。

こうした反応を引き出したのは、JASRACのブランケット方式による包括契約ありきという状況であるのは、明らかである。

九月八日に公正取引委員会が、〈「独占的状態の定義規定のうち事業分野に関する考え方について」の一部改定について〉という文書により、従来の「独占的状態ガイドライン」を一部改定し、JASRACを「監視対象」としたのも、こうした事態へ向けたものであったにちがいない。

十月一日に放送権管理への新規参入を果たしたら、あっという間にこのありさまである。十月三十一日には、民放連との「九月二十八日付け合意書」の調印も済んだ。

できることはなんでもやろうということで、関東圏のラジオ局は可能なかぎり回りつつ、全国二百一の放送局との連絡・調整をすすめながら、オンエア促進へ向けた努力をつづけた。

bayfm78、NACK5、ニッポン放送、FMヨコハマなど十月後半に集中して訪問し、民放連との合意内容の説明や使用許諾契約の締結依頼、そしてなによりもオンエア促進のお願いに走り回った。どの放送局の主要メンバーもレコード・ビジネスを通じて、よく知っている責任者やスタッフばかりである。

だれからも聞こえてくる話は、「使用料の分配の不透明さなどに関するJASRACに対する不満」、「交渉の経緯などほとんど報告がなく、突然合意内容の概略と対象楽曲一覧が送られてきたことなどによる民放連に対する不信感」。しかし総論では問題点を指摘しつつ「応援する」と正面をみて話してくれた彼らが、具体的な対応となると顔は下を向き「できない」ことの言い訳と、精一杯の「検討する」という言葉を繰りかえした。

NACK5においては具体的なトラブルも発生していた。ブッキングされていた大塚愛さんのゲスト出演が、新曲を放送できないとの理由からキャンセルされかねない状況だった。これはなんとしても解決しなければならない。懸命の説得をつづけ、なんとか元の鞘に収めたが、本当にこんなことが起こるんだと、なにか体中が熱くなるとともに、彼らだけの判断や行為ではなく、もっと大きな力が彼らの背中に覆い被さっているかのような不安を感じた。

そんな折、J‐WAVEよりニュース番組への出演依頼が舞い込んだ。音楽著作物の管理について説明してほしいという趣旨だった。目下の状況を説明するいい機会ととらえて、めずらしく出演することに決めた。

アメリカなど海外での状況報告をまじえ、日本では当たり前のようにおこなわれているJASRACのブランケット方式の包括契約が、いかに公平性に欠ける管理なのか、デジタル時代には技術開発によって詳細な使用楽曲報告が可能になること、管理事業法施行により導入された競争の原理がJASRACの圧倒的支配を公正な市場に導いていくこと、そしてそれが結果としてアーティストや権利者の利益に繋がるのだと力説し、放送局もその当事者としての公正な振る舞いに期待すると話した。

著作権管理事業はリスナーにとって身近な話題とはいいがたいだろう。がそれなりにイーライセンスがめざしていることが伝わってほしいと思った。

番組では、大塚愛さんの「恋愛写真」がある種の配慮なのかバックに流れていた。

しかし、その後も変わらず放送局の使用自粛は継続されていた。

当然のことながら、レコード・ビジネスにとってもっとも重要なプロモーション・ツールであるFMラジオを中心としたオンエア。放送されない状況を放置するわけにはいかず、これが制限されているなかでの全国の放送局との契約進行は、ただただ権利者（とくに、アーティストの方々）に多大なご迷惑をかけるだけになってしまう。

速やかな対応が必要となるなか、苦渋の決断である「プロモーション特別利用」という名目による使用料の無料化を実施した。対外（放送局など）的には「作品ごと使用料など実務運営へのスムーズな導入のため」なんて綺麗事を並べたが、なんとも悲しい対応をせざるを得なかった。

なんのための競争政策なのか、だれのための放送権をはじめとした新規支分権管理参入なのか。目の周り、身体の周り、視界にはいるすべてが壁のように立ちはだかって囲まれているかのように感じた。

結局のところ、最大の協力者であったエイベックス社についても、協議をつづけたなかでの結論として、新規の契約は残念ながら停止、すでに登録されていた作品についても、いったんＪＡＳＲＡＣに戻すかたちとなってしまった。


こんな状況の背後ではＪＡＳＲＡＣの支配があいかわらずつづき、あっちこっちから飛んでくる不穏な情報と遅々として進まない状況に戸惑いつづける日々が進んでいた。

こうした事態を切り抜けるには、やはり公正取引委員会にこの状況を冷静に報告することが必要ではないか。そのためにも、事実をキチッと整理し、的確な情報をまとめ上げなければならない。しかし手にすることのできる情報には限りがあり、苦戦を強いられる状況はつづいた。なにが正しく、なにが問題なのか、そこに存在する違反行為とはどんなものなのか、独占禁止法に照らした犯則をきっちりと申告しなくてはならないのではないか。

そんな思いに駆られ公正取引委員会にまずは相談を持ちかけ、情報管理室のドアを叩いたのが十月二十日だった。その後、年の瀬を追うように何回かのミーティングを持った。

しかし、公取委の扉はそう簡単に開かない。

先は長く、厳しい道のりだろう。覚悟はできているか？「やらまいか」

第十八章　本格的に「勉強開始だ」独禁法

年が明けて、二〇〇七年一月十二日、赤坂にある法律事務所、年末まで苦悩しつつもまとめてきた情報をもとに、独占禁止法に関する本格的な検討ミーティングがスタートした。

頭のなかでグルグルと回っていた「いよいよ本格的に戦いがはじまるぞ！　覚悟はいいか？」との問いには、まだまだ「？」が点灯しながらも、ふたりの弁護士の先生方とは、まずは一歩一歩徹底的に「勉強開始！」だと意気込んだことを覚えている。

しかし、それまで独占禁止法なんて縁のない人生、著作権法だけでも大変だったのに、著作権等管理事業法に引き続き、当然また基礎からの勉強である。しかも本格的な法律闘争に勝っていくための知識を習得していかなければならない。

事業者間のトラブルとなる不正な競争を取り締まる法律に「不正競争防止法」というものがあるが、これは商品のコピー、模倣、誤認させる商品名などおよそ不正と思われる商行為を対象に事業者の保護、市場の公正さを守ることが目的で、ときに知的財産に対する侵害行為（海賊版の製造、販売など）も取り締まる。

それに対して、一般に競争法ともいわれる独占禁止法は、「私的独占、不当な取引制限及び不公正な取引方法を禁止し、事業支配力の過度の集中を防止して、結合、協定等の方法による生産、販売、価格、技術等の不当な制限その他一切の事業活動の不当な拘束を排除することにより、公正且つ自由な競争を促進し、事業者の創意を発揮させ、事業活動を盛んにし、雇傭及び国民実所得の水準を高め、以て、一般消費者の利益を確保するとともに、国民経済の民主的で健全な発達を促進することを目的とする」（第1条）法律である。

条文は、全十二章、百十八条におよぶもので、正直いって、一度読めばわかるようなシロモノではない。そうはいっても、この第1条は総則として、この法律の核心を見事に表現していると思った。

ちなみに著作権法も同様に「この法律は、著作物並びに実演、レコード、放送及び有線放送に関し著作者の権利及びこれに隣接する権利を定め、これらの文化的所産の公正な利用に留意しつつ、著作者等の権利の保護を図り、もつて文化の発展に寄与することを目的とする」（第1条）と見事なまでにその目的とするところをいいきっている。

「公正さ」を保つことがなにより重要であって、それを妨げる私的独占、不当、不正、不公正な行為を排除し、自由な競争を促し、消費者の利益を確保し、経済の健全な発達を促進させるための法律なのである。われわれ三人は、具体的にＪＡＳＲＡＣのどの行為が私的独占にあたり、不当で不正で不公正なのか、ひとつひとつ整理し、検討を重ねていった。

一月二十六日までには、現状分析とまとめを終え、二月十五日に公正取引委員会の審査局情報管理室で本格的な相談を実施した。独占禁止法の適用範囲に関する内容だったが、こうした相談窓口に持ち込まれる案件は山ほどあるらしく、突破もそう簡単ではない。

前年十月からつづいた公取委への情報提供（というか、相談）がその時点その時点ではことごとくはね返された気分だったが、こちらもそう簡単に諦めるわけにはいかない。二週間とおかずに、情報交換と相談を繰りかえした。

年明けからは情報管理室の担当者が代わっていた。あらたに加わった女性審査専門官は、それまでの担当者とは明確に対応がちがった。真剣に耳を傾けてくれ、ようやく希望の光がみえてきた思いがしていた。イーライセンスの立場に立ってということではないが、真っ正面から状況を理解しようとしてくれた。

通常、情報管理室は情報の整理とまとめをする部署で、いわば苦情の受付窓口である。審査はしない。問題提起の是非をみきわめる。大方、ここで話を聞いて、お引き取り願うことが多いらしい。ところが、このときの審査官たちの態度はとても真っ直ぐだった。はじめて課題が整理され、これからの道筋が見えてきた感じがした。

いっぽうで、放送局の話なのだから、管轄官庁である総務省に持ち込んだらどうだろうと考え、地上放送課を訪ねた。三月五日だった。以前、同省のメディアソフト研究会で研究委員をしていたこともあり、縁を感じていたことから、「総務省として動いてくれないか」ともちかけたのだが、「電波法にふれる問題であればともかく、独禁法まで手を出すわけにはいかない」といわれ、なるほどそれもそうだと妙に納得して車に戻ったのを覚えている。

つぎは、文化庁である。四月十七日、著作権課を訪ねた。「JASRACを行政指導する立場にあるんだし、あきらかに著作権等管理事業法の理念に抵触するでしょう。なんらかの指導をお願いできないのか」と切り出すと、「ああ、それは民・民でやってくれ。たしかに監督する立場にはあるが、違法かどうかはっきりしていないものを文化庁が指導するわけにはいかん」ととりつくしまもない。

前年末に相談に行ったときの回答「本件についてJASRACに確認をしたところ、貴社の放送権管理に関して、これまで民放連から取引ルールの見直しに関する要請は受けていないと聞いていますので、回答できません。なお、両者の契約内容については、著作権等管理事業法に違反するものではないと認識しています」

なんだ、なにひとつ検討されてないじゃないか、と不信感はつのるばかりだった。

このときの担当者も生涯の天敵にして宿敵である「あの」担当者である。

四月二十三日、熱を帯びてきた独占禁止法検討ミーティングに「石岡克俊先生」が参加してくれた。慶應義塾大学産業研究所准教授（当時）で、独占禁止法のスペシャリストである。強力な助っ人の登場に三人の意気も上がり、もう一度ＪＡＳＲＡＣへの対応と状況のとりまとめを検討し直し、独禁法違反の根拠をひとつずつ固めていった。毎回のことだが、この日はとくに時間も忘れて議論に集中した。

そして、四月二十六日、本格的に取り組んでから三度目の公正取引委員会詣で。それまでの対応とは一線を画し、情報管理室から審査部へと引き継がれる、すなわち本格的な審査がはじまる実感を持った瞬間がおとずれた。

このとき、本当の意味で「戦闘開始！」のベルが鳴った。

六月十四日の独占禁止法検討ミーティングで、これまでの検討内容を文書にまとめて公正取引委員会に対し、正式な資料として提出しようということになった。

そして、「独占禁止法該当メモランダム」を、六月二十二日に審査局情報管理室に提出した。

この資料こそが正式な提訴資料となったのである。

この半年間つづけてきた検討ミーティングでの頭が痛くなるような議論と検討のすべてを、基礎となる音楽著作権管理事業の説明にはじまり、放送分野での管理事業の経緯（仲介業務法の時代から現状まで)、イーライセンスの管理開始、JASRACの信託契約内に潜む競争政策に対する阻害要因、民放連との協議における論点、民放連との包括契約と各放送局の対応にいたるまで、管理事業の問題点に関するゼロからの説明資料である。

そして、独禁法における「私的独占」に関する具体的提示へとつづく。JASRACの市場支配的地位の立証、他の事業者の事業活動の「排除」、新規管理事業者の参入の可能性とつづき、「相手方の事業活動を不当に拘束する条件をつけることを禁じている、一般指定第13項」の提示に進む。そしてここまでの要件該当性を具体的に証明することで「排除措置命令」に帰着するという内容構成である。

いやはや頭のなかで論理をまとめ、理解するのに悪戦苦闘、しかし提訴する当事者である以上、すべて納得のいくところまでたどり着かねばならない。闘う相手は数十年にわたって著作権管理事業を担ってきたプロ軍団であり、裁判では不敗を誇る集団である。ちょっとした勘違いやミスは絶対に許されない資料である。

さらに七月に入ってからは、十三日、二十日、二十六日と毎週検討ミーティングで議論を深めていって、八月七日、「私的独占該当性に関する意見書」を公正取引委員会に提出することになる。今度は、過去の判例と独占禁止法の条文に照らしてまとめ上げたものだ。

この意見書でもまた、前回以上に頭を悩ませる論理構造の整理が必要となってきた。

まず登場する「私的独占（支配型）の要件」では、日本医療食協会事件や野田醤油事件の審決例が登場するのだが、医療だの醤油だのといわれても、なんで？ といいたくなってしまう。しかしその詳細な違法性のあるポイントと関連付けていくことで、ＪＡＳＲＡＣによる「支配」が立証されていく。そして後半、一定の取引分野における競争の実質的制限の指摘から「独占的状態に対する措置」へと結論づけた。いやはや、弁護士という職業もすごいものだと感じながらも、この歳になってここまで勉強するとは思いもよらない半年間だった。

誠意をもって対応してくれた情報管理室の方々に心から感謝しつつ足どりも軽く霞ヶ関をあとにした。

同日、この件につき、オリックス社長室の面々にも報告した。宮内さんは政府の規制改革会議議長でもあり、規制改革という視点からＪＡＳＲＡＣを独占禁止法違反で提訴することに関しても相談した。

以前から紹介を受けていた内閣府規制改革・民間開放推進会議、そして社長室のスタッフ、イーライセンスにとって強力な援軍であり、規制の排除という社会的な課題への挑戦である以上、当然想定されるみえざる影の大きな力に立ち向かうためにも、内閣府（すなわち国の中枢機関）のお墨付き、これ以上望めない後ろ盾である。

ここでもまたひとのつながりが、出会いが、実を結んだ。

なにごともひとりではなしえないのである。

それから二日たった二〇〇七年八月九日木曜日、イーライセンスの提訴を受け、公正取引委員会事務総局審査局第四審査の審査官二名が、審査担当官として正式に審査に入ることが決定された。ここから、公正取引委員会の知的財産タスクフォースによる徹底した資料の作成と事実関係の確認作業がはじまった。

第十九章　ＪＡＳＲＡＣに「激震」立入検査入る

いよいよ第四審査による情報確認がはじまった。最初に紹介された二名の審査官とのやりとりかと思いきや大間違い、つぎからつぎと最終的には二十名近くにおよぶ審査官（なかには内閣府事務官の名刺を提示する審査官も）が登場し、パートに分かれて専門的な質問を繰りかえす。そのたびに資料を整備し提出する。そんな繰りかえしがはじまるなか、これまでの霞ヶ関での一連の動きに対して、さまざまに忠告をしてくれる人たちからは、議員に働きかけてみてはどうか、という提案があった。

あまり好む手法ではないが、援軍はひとりでも多いほうがいいとの提案なので、お盆休みが終わって、世間が動きだした八月二十日、紹介を受けた議員のひとりに会いに、衆議院議員会館まで出向いた。九月に入ってからも、十一日、十三日と都合三人の議員と面談し、著作権等管理事業法の施行主旨、ＪＡＳＲＡＣの私的独占、公正取引委員会が動きはじめていることなどを説明し、協力を求めた。しかし、つまるところ彼らの関心事は、協力の見返りにどれだけの票が集められるかであって、社会的意義などどこ吹く風、それが唯一の行動原理なのだということしかなかった。

テレビによく顔を出す文教族といわれている議員たちにしてそうなのである。

まるで話がかみ合わず、話せば話すほどばかばかしくなってきたので、即撤退。そもそもロビー活動なんて慣れないことやってもダメ。議員なんて肩書きの人たちに支援を求めようとしたこと自体が間違い。情けなさだけが残った。


公正取引委員会の審査ヒアリングでは、二十人近い審査官が、二、三人ずつ現れて質問を繰り出してくる。必死になって可能なかぎりのデータや関連資料をまとめ上げ報告資料に仕上げていく。スピードは必要だが、絶対に間違った情報を提出するわけにはいかない。

日付や内容が明確なモノはともかく、口頭での確認内容や日付などが不明確な資料は徹底的に確認に走り、なんとしても正確な情報を提供することに傾注した。

スケジューラーを見返してみても、八月二十一日、九月三日、十日、二十六日、十月十日とつづき、秋が深まる十一月一日についに「第四審査長」が登場した。

そして十二月六日、空気が一変した。

それまでは、求められるままに報告資料を作成し、決められた日程に提出し、説明を加えるということの繰り返しだったが、この日からは、審査専門官のほうから資料が提示され、「これで正しいですね。こういう考え方で間違っていませんね」という念を押すような質問が繰り返されるようになった。おそらく審査局にて問題点の整理が終わり、訴追すべき問題点が固まりはじめたのだろう。問題点が「容疑」という言葉に変わったのか？

以後、十二月十三日、二十日、年が明けて一月三十一日、二月十二日とつづき、二月二十八日には審査局からの質問への最終の報告書を提出する。

この間も、ほぼ月一回のペースで弁護士との検討ミーティングをもっていた。

ところが、その後しばらく公正取引委員会は完全に鳴りを潜めた……。

そして、忘れもしない二〇〇八年四月二十三日、公取委のＪＡＳＲＡＣへの立入検査が実施された。ＪＡＳＲＡＣ本部ビルに独占禁止法第３条（私的独占禁止）違反の疑いでの立入検査である。当然のことなのだろうが、事前連絡いっさいなし。

テレビでよくみる「黒服の行列」、そうあれ、段ボール箱片手にぞろぞろと入っていくヤツ、そうあれだ！　といいつつ、この日は北京出張だったので、残念ながら北京では映像はみられず、電話だけが鳴りつづけた。結局のところ、詳細は一日遅れの変形の新聞でやっと実感を得た。しかし握手する相手もいないし、ひとりニヤつくわけにもいかないし、いやはや！

JASRAC立ち入り
公取、独禁法違反の疑い
音楽著作権 新規参入を阻害

テレビで放送される音楽の使用料をめぐり、社団法人・日本音楽著作権協会（ＪＡＳＲＡＣ、東京都渋谷区）が放送局との間で同業者の参入を阻害するような契約を結んでいたとして、公正取引委員会は23日、独占禁止法違反（私的独占）の疑いでＪＡＳＲＡＣを立ち入り検査した。音楽の著作権管理は2001年10月の著作権等管理事業法施行で新規参入が可能になったが、ＪＡＳＲＡＣは著作権数で圧倒、依然として業界で支配的な地位を占めている。

業界関係者によると、ＪＡＳＲＡＣはＮＨＫや民放各局との間で、著作権を管理しているすべての曲の放送や放送用の録音を一括して認める「包括契約」を締結。使用料を実際に使用した回数にかかわらず、各放送局の前年度分の放送事業収入に1・5％を乗じた額と定めている。06年度は各放送局から計約260億円を集めた。

新規参入が認められた01年以降、10法人が文化庁に音楽の著作権管理業者として登録した。しかしＪＡＳＲＡＣが管理する曲数が圧倒的に多いため、放送局が他の業者と包括契約を結ぶ利点はほとんどない。

使った曲ごとに対価を支払う「曲別契約」という契約形態もあるが、すべての曲を把握するコストや労力がかかるため、ほとんど採用されていないという。

現行の契約形態では、放送局がＪＡＳＲＡＣ以外の事業者の音楽を使用すれば、さらに費用がかかるため、公取委はＪＡＳＲＡＣに著作権の管理を委託する傾向がますます強まって、競争が阻害される恐れがあると指摘している。

音楽の著作権は1939年施行の「著作権に関する仲介業務法」で「小説」「脚本」「楽曲を伴う歌詞」と共に「楽曲」として分類され、これら4分野の管理は文化庁長官がそれぞれ許可した1団体のみに認められてきた。このため、ＪＡＳＲＡＣは01年に著作権管理事業法施行で新規参入が認められるまでの62年間、楽曲の著作権管理を独占してきた。

今月現在、ＪＡＳＲＡＣに著作権の管理を委託する作詞・作曲家は約1万4500人で、06年度の徴収額は約1110億9832万円、分配額は約1106億5998万円に上った。

歴代の役員には著名な作詞・作曲家が名を連ね、現在は会長に船村徹氏、理事に荒木とよひさ、川口真両氏などが就任している。

JASRAC

ＪＡＳＲＡＣ 国内の作詞家や作曲家などの著作権者から著作権の管理委託を受けている社団法人。演奏、放送、ネット配信などの使用料を受け取り、一定の手数料を取ったうえで著作権者に分配している。楽曲の利用を許諾されたＣＤなどには上のマークが付いている。

「独占支配」に風穴

公取委がＪＡＳＲＡＣへの立ち入り検査に着手した狙いは、著作権保護を目的に半世紀以上も事業の独占が認められてきた業界に競争を促し、利用者がより安くサービスを受けられる環境を整備することにある。

ＪＡＳＲＡＣは著名な作詞家や作曲家が役員に名を連ね、圧倒的な権威とネットワークを背景に、著作権を集中管理し、幅広く使用料を徴収する仕組みを構築している。

ある同業者は「著作権の使用料や管理手数料の設定はＪＡＳＲＡＣを基準に設定している」と明かす。著作権等管理事業法施行後も競争はほとんど機能していない現実が見て取れる。公取委の調査をきっかけに「市場支配」にどこまで風穴が開けられるか注目される。

（社会部 神村[illegible]）

《JSARAC 立ち入り》
2008 年 4 月 24 日付け読売新聞より

ＪＡＳＲＡＣ立ち入り

公取、5年前に指摘
「競争を阻害」 契約手法改善なく

解説 公正取引委員会が独占禁止法違反（私的独占）で立ち入り検査に踏み切った背景には、日本音楽著作権協会（ＪＡＳＲＡＣ）が、契約手法の改善を求める公取委の「警告」を無視した形で市場の独占状態を続けてきたという実態がある。

ＪＡＳＲＡＣと放送局側は79年から、曲数に関係なく一定の料金を徴収する「包括的利用許諾契約」を続けてきた。しかし、公取委は03年3月に公表した「デジタルコンテンツと競争政策に関する研究会報告書」の中で、この契約を「競争阻害要因となり得る」と指摘。新規参入業者と利用者（放送局側）が曲別契約をすると、その分だけ「利用者が支払うべき使用料が増加してしまう」からだ。

ＪＡＳＲＡＣはその後も放送局側とルールを変更せず、異常な寡占状態を続けた。文化審議会でこの契約問題が検討されたが、06年1月の報告書では「見直しを求める意見があった」などの表現にとどめた。

01年10月に著作権等管理事業法が施行され、「イーライセンス」（東京都港区）など7業者が新規参入したが、一向に進まなかった規制緩和。インターネットなどによる音楽配信市場が拡大する中、放送局側にも慣行の改善を迫るものとなりそうだ。【苅田伸宏、小林直】

《公取、 5 年前に指摘》
2008 年 4 月 24 日付け毎日新聞より

残念無念だったなあ！

そのころ東京のイーライセンスには、テレビ局の報道部や新聞社から取材の依頼が矢継ぎ早に飛び込んできていた。取材はすべてお断り。そもそも独占禁止法違反ということに関しては、提訴したのは公正取引委員会であって、イーライセンスは公正取引委員会からの求めに応じて情報を提供しただけの立場なのである。

ＪＡＳＲＡＣを追及するのはあくまでも公正取引委員会であって、イーライセンスではない。コメントできる立場にはない。提訴に関しては、当事者ではないのだ。

後日、ＪＡＳＲＡＣで働く知人から聞いた話では、この日、ＪＡＳＲＡＣにあった放送権に関連する資料だけではなく、理事会など重要な議事録や会議資料など……一切合財持っていかれたという。業務に支障がないようにコピーを残して、原本の資料は全部運び出した。パソコンから個人の手帳まで持っていかれたとのこと。公取委の立入検査、逆の意味で怖ささえ感じる場面だった。

この年六月のＪＡＳＲＡＣの総会、前年二〇〇七年十月に事務局出身のプロパーとしてははじめて理事長に就任した加藤衛さんが、公取委立入検査に関する評議員の質問に対し、回答しているなかの最後のコメント「他の管理事業を排除している事実はないと考えているが」と前置きし、「公正取引委員会の懸念がこれからもつづくようなら、それを払拭するような新たな仕組みをつくるということをふくめ対応していきたい」と就任早々で厳しい立場ながら、新たな提案を模索する姿勢が示され、この部分にだけは救いを感じた。

そういえば、加藤さんが立入検査の入った直後に「どういうわけか、私が理事長になった瞬間に公取委がやってくる」と苦笑していたのが、思い出される。

かつて加藤さんとは、代々木上原のそば屋でご一緒したことがある。突然連絡をいただき、ふたりで長時間話し込んだ。理事長になる以前のことである。お互いの立場を越えて結構突っ込んだ会話もしたのだけれど……生い立ちやこれまでの経歴もまったくちがうふたりだが、ひとつだけ共通点があった。それは同い年、同じ時代を生きてきたということだった。会話の途中でポツリ「ふたりで飲んでいるところ見られたらまずいかなあ」。

締めはふたりとも「もりそば」だった。

最後にお目にかかったのは、とある業界のパーティ。遠目から会釈するとスルスルと近づいてきて、すれちがいざまに小声で「しばらくはふたりで酒飲むのもむずかしいねえ！」とささやいて離れていった。

二〇一三年六月だったたか、突然の訃報にふれ、葬儀に参列しお見送りしたかったのだが……遠くから見送ることを選んだ。ご冥福をお祈りします。

北京から飛んで帰った二十五日に、公正取引委員会から審査局第四審査の審査専門官と内閣府事務官のふたりがイーライセンスを訪ねてきた。二十三日の立入検査について説明があり、「持ち出した資料をこれから丁寧に審査しますので、必要な要件に関しては今後ともご協力いただきたい」という要請があった。

立入検査前に公正取引委員会に提出した報告資料はいっさい破棄され、検査以降必要に応じてまた提出を求められることがあるという。以前情報管理室に提出した資料も同様だった。六月二十六日にまたまた「質問への公式報告書」を証拠として提出し直す。厖大な量だ。

そしてこれまで審査に対して提供した情報に登場する人物は全員、公正取引委員会から事情聴取の対象となった。ＪＡＳＲＡＣ関係者をはじめ、民放連・放送局関係者、エイベックスなどの権利者などなど、個々に事情聴取がはじまることになった。

イーライセンス・三野明洋への事情聴取は九月八日と九日に予定された。それに先立つ八月五日に石岡先生に状況報告をして、今後の見通しと対応について相談、九月一日には公正取引委員会と事前打ち合わせがあった。

九月八日は、午前十時から午後七時まで、昼休み四十五分をはさんだだけで、ぶっ通しで事情聴取がつづいた。取調室では小さな机をはさんで、審査官二名と書記官一名が座り、別の審査官が資料の出し入れに走った。今回の問題提議についての質問にひとつずつ答えてゆき、ちがった認識や文言の確認をふくめ、丁寧に調書にまとめる。不明確な点はなかったはずだが、細部の確認となると間違えてはいけないと記憶を何度もたどり、文字にしてゆく。いやはや、ヘトヘトになった。

翌九日はその調書の読み合わせ。一字一句を漢字の誤りまで手を入れながらチェックし、最後に署名捺印して完成させる。

事情聴取を受けた人たちは全員がこの作業どおりに調書を完成させてゆく。この状況のなかでつくりごとや事実とちがう内容を喋るなんてことは絶対に不可能だ。真摯かつ誠実に事実を伝えていくことしかできない。

こうして厖大な調書が作られ、裁判での証拠資料となっていった。

ＪＡＳＲＡＣに激震が走った二〇〇八年はこうして秋となり、冬となり、年の瀬を迎え、新しい年が明けていった。

第二十章　「排除措置命令」主文のとおり命令する

二〇〇九年二月二十七日、公正取引委員会はＪＡＳＲＡＣに対し、排除措置命令を行った。独占禁止法第３条（私的独占の禁止）の規定に違反しているとしたためだ。

「私的独占」というのは市場競争から他の事業者を排除し、市場を独占することであり、公正で自由な市場競争を阻害する行為として独占禁止法第３条が禁止している行為である。

「排除措置命令」とは、そうした禁止行為を取り除き（排除し）、公正で自由な競争秩序を取り戻しなさいという命令なのである。

「平成二十一年（措）第２号　排除措置命令書」は、「私的独占の禁止及び公正取引の確保に関する法律（以下「独占禁止法」という）第７条第１項の規定に基づき、次のとおり命令する」とはじまる。

１　社団法人日本音楽著作権協会は、（中略）放送等利用に係る使用料の算定において、放送等利用割合（中略）が当該放送等使用料に反映されないような方法を採用することにより、当該放送事業者が他の管理事業者にも放送等使用料を支払う場合には、当該放送事業者が負担する放送等使用料の総額がその分だけ増加することになるようにしている行為を取りやめなければならない。

2　社団法人日本音楽著作権協会は、前項の行為を取りやめる旨及び今後、前項の行為と同様の行為を行わない旨を、理事会において決議しなければならない。

3　社団法人日本音楽著作権協会は、第1項の行為を取りやめるに当たり採用する放送等使用料の徴収方法について、あらかじめ、当委員会の承認を受けなければならない。

4　社団法人日本音楽著作権協会は、第1項及び第2項に基づいて採った措置を自己と音楽著作物の利用許諾に関する契約を締結している放送事業者及び自己に音楽著作物の著作権の管理を委託している者に通知しなければならない。この通知の方法については、あらかじめ、当委員会の承認を受けなければならない。

5　社団法人日本音楽著作権協会は、今後、第1項の行為と同様の行為を行ってはならない。

6　社団法人日本音楽著作権協会は、第1項、第2項及び第4項に基づいて採った措置を速やかに当委員会に報告しなければならない。

この主文につづいて、事実認定に基づく理由が七ページにわたって述べられている。概要は以下のとおりだ。

仲介業務法のもとJASRACのみが音楽著作権の管理業務を営んでいたところ、平成十三年十月一日より著作権等管理事業法が施行されるとともにイーライセンス、ジャパン・ライツ・クリアランス、ダイキサウンドなどが順次音楽著作権管理事業を開始し、平成十八年十月よりイーライセンスが放送等利用に係る管理事業を開始した。

従来JASRACがすべての放送事業者と結んできた包括契約が、新規参入事業者の競争を阻害する要因となることは、平成十五年三月三十一日に公表した「デジタルコンテンツと競争政策に関する研究会報告書」に指摘したとおりであり、イーライセンスが管理委託を受けていたエイベックス楽曲のなかの大塚愛の「恋愛写真」をめぐって、JASRACとの包括契約があるために、放送事業者は追加負担が生じるという理由から楽曲をほとんど使用せず、その事態への対策として協議のうえ、期間限定で使用料を無料としたものの、その後も利用状況の改善が見込めず、イーライセンスはエイベックスとの管理委託契約を解約するということに至った。

JASRACが包括徴収を続けるかぎり、JASRACおよびイーライセンス以外の管理事業者は著作権の管理委託を受けることができず、放送等利用に係る管理事業を開始していないのが実情であり、ＪＡＳＲＡＣ以外の管理事業者は、利用が見込まれる音楽著作物を確保することが出来ないでいる。

そこで、法令の適用により、

「前記事実によれば、ＪＡＳＲＡＣは、すべての放送事業者との間で放送等使用料の徴収方法を本件包括徴収とする内容の利用許諾に関する契約を締結し、これを実施することによって、他の管理事業者の事業活動を排除することにより、公共の利益に反して、我が国における放送事業者に対する放送等利用に係る管理楽曲の利用許諾分野における競争を実質的に制限しているものであって、これは独占禁止法第２条第５項に規定する私的独占に該当し、独占禁止法第３条の規定に違反するものである。よって、ＪＡＳＲＡＣに対し、独占禁止法第７条第１項の規定に基づき、主文のとおり命令する」

イーライセンスが二〇〇六年十月に放送等利用の著作権管理に乗り出して以来直面した不条理に対して闘ってきた最終結論がこの排除措置命令書の主文と理由に書かれていた。

事情聴取で切々と述べてきた事実、熱く訴えてきたＪＡＳＲＡＣの横暴ぶり、そして排除型私的独占、不公正取引の該当性がすべて認められていた。

JASRACの音楽著作権管理
排除措置命令へ
公取委「包括契約は参入阻害」

テレビ局など放送事業者向け音楽の著作権管理事業を巡り、同業他社の新規参入を阻害しているとして、公正取引委員会は二十四日、日本音楽著作権協会（JASRAC）に対し、独占禁止法違反（私的独占）で近く排除措置命令を出す方針を固めた。命令はJASRACがテレビ局などと結んでいる楽曲"使い放題"の「包括的利用許諾契約」の見直しを求める内容になるとみられる。

関係者によると、この契約は、テレビやラジオなどの放送事業者が音楽放送事業収入の一・五%を支払う代わりに、JASRACが著作権を管理している楽曲を自由に使うことを認める内容。

同契約では、放送事業者側からすれば、JASRACの管理楽曲を一定率の金額で何度でも使える利点がある。その一方で、他の管理事業者と新たな契約を結ぶ際には追加の支払いによるコスト増を余儀なくされる形になっている。

このため他の管理事業者のシェアは伸びておらず、公取委はJASRACの同契約の内容が新規参入を阻む要因となっていると判断したもようだ。同契約の実質的な内容変更と、新たな放送使用料の徴収方法について公取委の事前承認などを命令するとみられる。

JASRACが独占していた国内の音楽著作権の管理事業は二〇〇一年十月の著作権等管理事業法改正で新規参入が可能となった。文化庁によると、十一社が新たに参入したが、〇七年度の放送分野ではJASRACがシェアの九九・九%を握っている。

公取委は昨年四月、JASRACに立ち入り検査し、放送事業者を含めた聞き取り調査などを実施。今年一月に命令案を事前通知したが、JASRAC側は反論する内容の意見書を提出した。

《JASRACに排除措置命令》2009年2月25日付け日経新聞より

粛々とこの事実を再確認しながら「やったあ！」と叫びたいかと思いきや、率直のところ、「ここまでよく来たなあ！　これで新たな道が開けるのかなあ！　でも、疲れたなあ！」というのが率直な感想だった。

お世話になった先生方への感謝と、社のスタッフがこの事実をどう受け止め、どのように現実のビジネスに結びつけていくのか、それを思うとなにか複雑な心境だった。

第二十一章　不服の対価、「課徴金一億円」

「排除措置命令」が最終ゴールではなかった。排除措置命令や課徴金納付命令などの行政処分に対して、それを受けた事業者は不服となれば、公正取引委員会に「審判」を請求することができる。

排除措置命令を受けたＪＡＳＲＡＣの加藤衛理事長は、二月二十七日記者会見を開き、ときおり語気を強め、公正取引委員会への不服をあらわにし、「審判請求をして、徹底的に争う」とおおむねつぎのように語った。

「包括契約は世界標準であり、現段階で最良の方法だ。公取委が問題視したのは、使用料の算定方法だ。その改善については具体的ではないが、公取委の認識は間違っている。イーライセンスの新規参入以前から、ＪＡＳＲＡＣが管理していない楽曲はあり、放送局はそれらを使用のたびに別途使用料を支払ってきた。また、エンドユーザーが満足するかどうかが問題であって、管理楽曲の数が問題じゃない。楽曲のラインナップで競争すべきだ。そもそもイーライセンスが直面した問題については、公取委からいわれるまで承知していなかった。新規参入者に圧力をかけたことなどない。審判請求をし、事実関係を徹底的に争う」

公正取引委員会事務総長が三月四日付けの定例会見で、この件についての質疑応答で発言している。

〈(問)先週のＪＡＳＲＡＣへの排除措置命令の件ですが、ＪＡＳＲＡＣとしては、金曜日の時点では審判請求をしたいとのこと。著作権管理事業に競争を導入すること自体、そぐわないのではないかということを理由のひとつとしているようでしたが、このことについて、どのように考えているのでしょうか。

(事務総長)ＪＡＳＲＡＣの事案については、先週、排除措置命令を行い、ＪＡＳＲＡＣ側においては、審判で争う方針であるというようなことが報道されています。個別事案ですし、まだ具体的にどういうアクションが採られるのかということがわかっていません。内容についてのコメントということではありませんが、これは、排除措置命令書を読んでいただければわかることですが、当委員会としては、著作権管理事業については、制度改正があって新規参入が可能になっており、新規参入が円滑に進むような制度運用が必要であるということを前提にした上で、今回のＪＡＳＲＡＣの一連の行為について、私的独占に該当するという判断をしたところです。

御質問は、著作権管理事業に競争はなじまないのではないかということについて、どう考えているのかということですが、新規参入を可能にする制度改正をした以上は、競争になじまないということはいかがなことかという感じがしています。結果として、どういう競争が生じるのかということについては、経済実態なり、種々の状況に応じて生じることだと思いますが、そもそも、制度として競争になじまないということではないということで、制度改正がなされたものと思います。新規参入をしようとする方がいれば、それが実行、実現できるような制度等が望ましいということだと思っております〉

加藤理事長の言葉どおり、二〇〇九年四月二十八日、ＪＡＳＲＡＣは審判請求をし、五月二十五日、独占禁止法第52条第3項の規定に基づき、審判手続きを開始することが決定した。第一回審判の期日は七月二十七日（月）午後二時、場所は公正取引委員会審判廷である。以上が五月二十七日に通知された。

排除措置命令が下された以上、ＪＡＳＲＡＣは放送各局との包括契約に基づく徴収は、すぐにもやめなければならないが、日々管理楽曲が使用されている以上、ただちに改善策をとることは現実的に不可能だったのだろう。放送利用者や著作権者らへの損害も考慮し、排除措置命令の執行免除を東京高等裁判所に申請していた。七月九日、ＪＡＳＲＡＣの申し立てが認められ、ＪＡＳＲＡＣは一億円の保証金を供託することで、排除措置命令が確定するまで、これまでどおり包括徴収をつづけることができるようになった。それを受けてＪＡＳＲＡＣは理事会全会一致で供託金の支払いを決めたという。

排除措置命令執行免除のための保証金としては史上最高額だという。

排除措置命令に不服を申し立て、それを受けて公正取引委員会が審判を経て審決を下すという手続きは二〇〇五年の独占禁止法改正によりはじまったものである。違反行為を調査する審査局の審査官も、不服が申し立てられあらためて審判を審理する審判官も同じ公正取引委員会の職員である。

そこで、よくよく考えてみれば、公正取引委員会が調査の末に決定した行政処分に対して、不服を申し立てられたら、また同じ公正取引委員会が身内で不服審査をするのはおかしいだろうという経団連などからの意見にも一理あるとされ、国会で審議の後、二〇一三年十二月七日、独占禁止法改正法案の成立にともない、二〇一五年四月一日から改正法が施行され、この審判制度は廃止された。いまでは排除措置命令や課徴金納付命令に不服の場合は、地方裁判所へ訴えることになり、司法の審理にゆだねられることになっている。

ということは、公正取引委員会の歴史上最後の審判制度になるのではないか……これも歴史の不思議なめぐりあわせだなあと感じた。

七月二十七日に第一回審判がはじまると、審査局の審査専門官との情報共有、質問回答、報告資料などのやりとりが頻繁に行われるようになった。

そうこうするうちに秋が来て、冬となり、年が暮れ、年が明けた。

四月から八月末にかけて、間が空いたが、そのほかはひと月に二、三回のペースで公正取引委員会とのやりとりが続いた。

そして、イーライセンス・三野明洋の証人尋問が九月三十日と決まった。

それまでの審判の流れをおおざっぱにまとめると、つぎのようになる。

排除措置命令書の〈事実〉にあるように、エイベックスの大塚愛「恋愛写真」の件が具体的にJASRACの「私的独占」にあたる案件として述べられていた。

JASRAC側はこの件の細部ひとつひとつに抗弁し、これをきり崩してゆく作戦だろう。

すなわち――。

○まず、大塚愛「恋愛写真」の利用を回避したのは一社だけであり、他の楽曲に比べても、一般的に利用回避の傾向はなかった。
○包括徴収契約は三十年来放送局と協議のうえ締結してきた妥当なものである。
○包括徴収契約が競争を制限していたのではなく、新規参入を急いだイーライセンスの準備不足に対し放送局が慎重になったのだ。
○包括徴収契約は世界標準であり、利用者が自由に楽曲を使用できる最良の方法である。
○排除措置命令にあるような新たな徴収方法にすぐ切り替えることはきわめて困難だ。
——これくらいの抗弁は想定できた。いずれも「私的独占」への該当性を真っ向から否定できるものではないと思われるが。犯則行為の認定を迂回させる効果がどこまであるか。

たとえば、事業者の企業努力が実り、すぐれた商品が安価で提供され、市場を独占した場合には、「私的独占」にはあたらない。市場における公正で自由な競争の結果、市場を独占するに至ったと考えられるからである。それが消費者の利益にもつながる。

これが、競争法の考え方だ。商品に不正行為があったり、誤認を誘うような不正行為で競争が制限されたりするときには、不正競争防止法の守備範囲であろう。

あくまで「私的独占」を禁じ、公正な取引を監視するのが独占禁止法なのである。その該当性は判例により確かなものになることが多く、振れ幅のある条文解釈から決定的な結論を引き出すのはむずかしい。

独占禁止法裁判のむずかしさはここにあった。

九月三十日の証人尋問を前に、二十八日、二十九日とリハーサルを繰りかえし、想定問答を頭のなかに叩き込んで、しっかりと準備を整えた。

第二十二章　「ありえない」ことも起こるものだ

二〇〇九年から二〇一〇年にかけて、日本と世界は大きく歴史の舵を切った。

二〇〇九年八月三十日、衆議院選挙で民主党が大勝し、政権交代が実現した。十月九日、四月にプラハで「核兵器のない世界をめざす」演説をしたオバマ米大統領がノーベル平和賞を受賞。二〇一〇年一月十九日、日本航空が会社更生法の適用を申請。普天間基地移設問題はこじれて、五月二十八日には辺野古移設を日米両政府が共同声明。鳩山首相は引責辞任、菅直人内閣発足。九月七日、尖閣諸島付近で中国漁船が海上保安庁巡視船に衝突、船長逮捕。中国では反日デモが各地で繰り広げられ、反日ムード一色に――。


九月三十日、まずは別室で宣誓書（嘘言っちゃダメって書いてあるヤツ）の確認と署名をし、促されるままに公正取引委員会審判廷へ出廷した。

当たり前だがはじめての経験、テレビドラマでみた法廷とよく似た光景が目に入ってきた。

正面に鎮座している審判官は三名、左側は排除措置を命令した公取委審査官二名、驚いたのは反対側のＪＡＳＲＡＣ側弁護団、三列に並んで八人もいる。大弁護団である。

しかも質問する弁護士は、つねにひとを恫喝するような物言いである。

質問に答えようと、口を開きかけると、「イエスかノーしかいうな！」と先制される。

イーライセンスの作成した文書が取り出され、文言が足りないので、説明不足の謗りを免れないと追及されるので、

「でも、民放連といっしょに作った文書ですよ」というと、

「これを提出したのはイーライセンスですね」

「はい、そうです」

「じゃあ、お前の間違いだ」と決めつけられる。

これでは証人ではなく、被告人だ。二日にわたった想定問答もどこかへ吹き飛びそうになったが、頭が熱くなりそうな状況にもかかわらず、意外と冷静な自分がいることには、逆に驚いた感じもした。

しかも、質問はいちいち重箱の隅を突っつきながら、なんとしても全部イーライセンスの準備が足りなかったという方向に持っていこうとする。これが積み重なっていく。こちらが知らないＪＡＳＲＡＣだけが知りえる数字を持ち出しては、イーライセンスの認識が足りなかったとされる。しかしなぜかこの強圧的な弁護士の顔を見ながら頭をめぐっていたのは

「そうかあ！　われわれが入手できていないそれなりのデータは揃ってるんだあ！」というなんとなくのイメージだった。

そんななか、大弁護団から繰り出される質問に答えていくうちに、その質疑応答をつなぎ合わせた結果、いつの間にかＪＡＳＲＡＣのどこが悪いんだという文脈が出来上がっていくのだろうなあという想定が、質問時間のなかでもしだいに頭のなかに描かれていった。

しかし、そんなわけはない。

公取委審査官からの質問は想定問答に準じて粛々と進み、午後一時三十分にはじまった尋問が終わったのは午後六時三十分だった。

ＪＡＳＲＡＣ側のメディア戦略も功を奏し、翌日の新聞各紙では、ＪＡＳＲＡＣ有利の解説記事も載る始末、しかし真実はひとつ、それは変わらない事実である。

十月二十七日に予定されていた再尋問はキャンセルされ、十一月にはＮＨＫ、民放連、テレビ局、ＦＭラジオ局などからの証人尋問がつづいた。

ここで驚いたのは、彼らの証言が手の平を返したように、ＪＡＳＲＡＣ有利に傾くものだったのである。

つまり、「イーライセンスの管理楽曲の放送を控えた事実はない」「民放連はそもそも協議をしていない」といった証言がオウム返しのようにつづいた。背景になにがあるのか、既得権益を守ろうとする事業者たちが創り出す大きな影の論理が動いているのは明白だった。現場にいた個人の証言ではなく、あくまでも事業者の利益を代表する者たちの証言に変わっていた。つくりごとや事実とちがう内容を喋るなんてとても不可能だと思われた取調室で作成された調書、それらはどこに吹き飛んでいってしまったのだろう。

公判で使用された陳述書と、取調室でとられた調書、どこがどうちがっているのか、確認できている範囲でもこんな感じである。

【参考人A氏】

被審人（注・JASRACのこと）代理人からの質問に対し、

「陳述書に書かれたことは間違いありません。供述調書では真意が十分に反映されず、誤った印象を与える部分があり、事実と異なる部分があります。取り調べにおいては、審査官が作ったシナリオがあり、そのシナリオに沿わない話は聞いてもらえず、これ以上は了承するしかなかった」（どこかで聞いたセリフである。そうそう後述の村木さん事件だ）

「陳述書の作成は、JASRACの弁護士さんにお話しして、それを書いてもらったものをこちらで修正して、また直してもらう、という作業でつくりました。調書と陳述書で食い違っている部分は、今回提出された陳述書のほうが正確です」（一言一句確認を求められ、最後に署名捺印までした調書、真実を本心で語ったひとはいなかったってこと？　なおかつ、陳述書の作成にＪＡＳＲＡＣの弁護士が関与しているって、変じゃないか？）

【参考人Ｂ氏】

同じく被審人代理人弁護士の質問に対し、

「イーライセンスとの交渉については、協議というよりは、話を聞くというスタンスでした。よって、正式の協議とは考えていませんでした。正式な協議とするためには加盟各社からの委任が必要ですが、委任を受けていないので、正式な協議とはなり得ない、ということです」（著作権等管理事業法に従い正式な協議申入書を送付し、受領され、長期間にわたる協議が開催され、民放連会長印の押された合意書が締結され、各放送局からも確認された事実をいとも簡単に覆す。すごいとしかいいようがない）

このときはさすがにこんなことが許されるんだ。嘘いっちゃダメって書いてある宣誓書の確認と署名って何だったんだ、と天を仰ぎながらも、その証言をしている人たちの心情を思い描き、悲しさとともに、なにかはかりしれない申し訳なさを感じた。

それからずいぶんたったころ、とある会合で証言に立った人たちと同席した。こんな場面の外では旧知の仲、彼らがひとりひとり近寄ってきて、「三野さんごめんね。あのときはあいわざるを得なかったんだよ」といってくる。返す言葉はなく、そこには笑顔しかなかった。

二〇一一年六月一日の第十三回審判でのＪＡＳＲＡＣの最終意見陳述を最後に、審判は終結した。第一回審判から足かけ三年かかった。

ＪＡＳＲＡＣの意見陳述の全文は会報六四二号附録②で読むことができる。かなり激烈な口調で排除措置命令書を非難し、「被審人が憲法上有する事業活動の自由に対して不当に国家権力が介入する結果を生ぜしめたのである」とまでいいきった。なるほどあの大弁護団の手にかかると、かくも激烈な口調になるのかと、あの証人尋問の場面を思い出しながら、妙に納得した。

公正取引委員会の審判官はこれから審決案の作成にとりかかる。

二〇一二年二月二日、ＪＡＳＲＡＣあてに審決案が送達された。

翌三日の朝日新聞朝刊には、〈公取委、一転「シロ」　ＪＡＳＲＡＣ楽曲使用料徴収方法違反認定覆す〉という見出しが躍った。審決案に対しては、排除措置命令を出した審査局にも異議申し立ての機会が与えられ、正式な審決はその後通達される。審決案の段階にせよ、公正取引委員会が命令を取り消す判断を示すのは異例だと伝えている。

〈審判では、06年10月に新規参入した「イーライセンス」が、この（注・ＪＡＳＲＡＣの）

包括徴収で実際に排除されたかが争点となった。イー社は楽曲の使用回数などに応じて使用料を放送局に払ってもらう方式を採用していた。公取委側は、イー社の管理楽曲だった大塚愛さんの「恋愛写真」を挙げ「放送各局は06年10月以降、FMラジオ局を中心に『恋愛写真』をほとんど放送しなかった」などと主張。JASRAC側は「06年10～12月に少なくとも729回放送され、放送局はイー社への支払いを追加負担として考えていなかった」などと反論した。審決案はJASRAC側の主張をほぼ認め「包括徴収が競合他社を排除するような効果があると認めるような証拠はない」と判断した模様だ〉

「あり得ないことが起こるのもまた裁判（審判）である」

どう考えてもそんなことはあり得ないということが、特段不思議でもなく起こる。裁判とは「長くかかるもの、行方の見えないもの、体力と資金力が必要なもの、そして正義だけでは勝てないもの」なんだと考えさせられたが、なぜか冷静に受け止めている自分がいた。

「まだやるの?」「またやるの!」ってな気分だった。たぶん、なにがあっても最後まで行く覚悟はとうの昔にできていたんだと思う。

二〇一〇年九月十日、厚労省文書偽造事件で、元局長村木厚子被告に無罪判決が下った。大阪地検特捜部の検事による証拠改竄が明らかになった。九月三十日のイーライセンス・三野明洋の証人尋問、十一月のＮＨＫ、民放連、テレビ局、ＦＭラジオ局などからの証人尋問のわずか数週間前の出来事である。

この事件の教訓は、密室でつくられた調書はあてにならないということだった。信憑性を失ったのだ。いきおい法廷での証言が最優先される。

テレビ、ラジオ各局の現場の担当者が口をそろえて「楽曲使用を控えた事実はなかった」と証言したのにも大きく影響したのだろう。

審査局は事情聴取のときの調書をもとに慎重に事実認定をした結果、排除措置命令を出したのである。取調室では「控えた事実はなかった」といっているはずがない、と考えるのがふつうだろう。

世間の空気というのは恐ろしい。

「当社は、ＪＡＳＲＡＣの『本件包括徴収』システムにより現実に大きな被害を受けている身として、このような審決案の結論には到底堪えられない思いであり、仮に、審決案が審決として確定してしまうとすれば、争わざるを得ないものと考えております」と遺憾の表明からはじまる「ＪＡＳＲＡＣに対する審決案について」という意見書を二〇一二年三月六日、イーライセンスは公正取引委員会に提出した。そこでは、

１　当社がＪＡＳＲＡＣの行為により新規参入を排除されたことに疑いはないこと

2 「本件包括徴収」をやめるよう命じる排除措置命令はＪＡＳＲＡＣにとって容易に対応可能なものであること
3 放送以外の演奏、貸与等の新規参入も不可能になり、影響は深刻であること
4 放送局の関係者が、調査段階の供述調書の内容を翻したことをどう評価するか。
5 音楽著作権管理業に関し、公正取引委員会が果たすべき役割の任務放棄であること
6 今後の対応
7 審決案の開示請求
と項目ごとにイーライセンスの主張と反論を展開した。

しかしそれもむなしく、二〇一二年六月十二日、ＪＡＳＲＡＣへの排除措置命令を取り消す審決が確定し、通達された。

六月十四日付けで公正取引委員会は〈一般社団法人日本音楽著作権協会に対する審決について（音楽著作物の著作権に係る著作権等管理事業者による私的独占）〉と題した報道発表資料を公表し、この審決に至った判断のプロセスを克明に解説している。

まず事実として、以下の点が認定されていた。
1 エイベックスがイーライセンスに楽曲の著作権管理を委託した。

2　放送局はＪＡＳＲＡＣとの包括徴収により、一定の使用料でＪＡＳＲＡＣの管理楽曲は自由に使い放題だが、イーライセンスの管理楽曲を使用するときには別途使用料の支払いが生じ、その分だけ使用料総額が増えてしまう。

3　その結果、放送局はイーライセンスの管理楽曲を敬遠するようになる。

4　そうした利用状況は、権利者にとって不利益をもたらすので、エイベックスはイーライセンスとの契約を解除した。

そして注目したいのは、〈（2）本件の争点〉ならびに〈（3）争点に対する判断の概要〉である。

（http://www.jftc.go.jp/houdou/pressrelease/h24/jun/120614.html）

〈（2）本件の争点〉としてあげられたのは以下の五点――。

〈ア　被審人（注・ＪＡＳＲＡＣ）が、ほとんど全ての放送事業者との間で包括徴収を内容とする利用許諾契約を締結し、放送等使用料を徴収する行為（以下「本件行為」という。）は、放送等利用に係る管理楽曲の利用許諾分野において他の管理事業者の事業活動を排除する効果を有するか（争点1）

イ　本件行為は、自らの市場支配力の形成、維持ないし強化という観点からみて正常な競争手段の範囲を逸脱するような人為性を有するか（争点2）

ウ　本件行為は、一定の取引分野における競争を実質的に制限するものであるか（争点3）

エ　本件行為は、公共の利益に反するものであるか（争点4）

オ　本件排除措置命令は、競争制限状態の回復のために必要な措置であり、かつ、被審人に実施可能であるか（争点5）〉

まず、（争点1）から検証している。

〈審査官は、株式会社イーライセンス（以下「イーライセンス」という。）が平成18年10月に放送等利用に係る管理事業を開始するに際し、被審人の本件行為が実際にイーライセンスの管理事業を困難にし、イーライセンスの参入を具体的に排除した等として、それを根拠に本件行為に排除効果があったと主張する。しかし、具体的に、イーライセンスが放送等利用に係る管理事業を開始した際の事実関係を検討すると、

[1]　実際にイーライセンス管理楽曲の利用を回避したと明確に認められるのは、一社の放送事業者にすぎず、放送事業者が一般的にイーライセンス管理楽曲の利用を回避したと認めることはできない上、

[2]　放送事業者がイーライセンス管理楽曲の利用について慎重な態度をとったことは認められるものの、その主たる原因は、被審人による本件行為ではなく、イーライセンスが不十分な管理体制のままで放送等利用に係る管理事業に参入したため、放送事業者

が困惑、混乱したことにあると認められる。また、

[3] エイベックス・グループがイーライセンスに対する管理委託契約を解約したのは、放送事業者がイーライセンス管理楽曲の利用を一般的に回避し、しかもその原因が被審人による本件行為にあるとの認識に基づくものであるが、現実には、放送事業者が一般的にイーライセンス管理楽曲の利用を回避したとはいえず、イーライセンス管理楽曲の利用について慎重な態度をとったことが認められるにとどまり、その主たる原因もイーライセンスによる準備不足の状態での参入とそれに伴う放送事業者の困惑、混乱等であったのであるから、被審人による本件行為にエイベックス・グループのイーライセンスへの管理委託契約を解約させる効果があったとまではいえない。さらに、

[4] イーライセンスが放送等利用に係る管理事業を営むことが困難な状態になっているとまでいえるかにつき疑問が残る上、イーライセンスが管理事業を営むことが困難な状態になっているとしても、それは、放送事業者がイーライセンス管理楽曲の利用を一般的に回避し、その原因が本件行為にあるという認識に基づいて、著作権者がイーライセンスに音楽著作権の管理を委託しなかったためであるから、被審人による本件行為に、著作権者のイーライセンスへの管理委託を回避させるような効果があったとまではいえない〉

以上の四点から、ＪＡＳＲＡＣの包括徴収契約がイーライセンスの管理事業を困難にしたとはいえないし、他の管理事業者が新規参入しない理由になっていると認めるに足る証拠もないし、新規参入を著しく困難にしているという主張立証はない。

〈以上によれば、本件行為は、放送事業者が被審人以外の管理事業者の管理楽曲を利用することを抑制する効果を有し、競業者の新規参入について消極的な要因となることは認められ、被審人が管理事業法の施行後も本件行為を継続したことにより、新規参入業者が現れなかったことが疑われるものの、本件行為が放送等利用に係る管理楽曲の利用許諾分野における他の管理事業者の事業活動を排除する効果を有するとまで断ずることは、なお困難である〉

ＪＡＳＲＡＣの包括徴収契約は他業者の管理楽曲利用を抑制したり、新規参入を消極的にさせたりする要因になることは認められるものの、事業活動を排除する効果をもつとまではいえないというのである。ためらいながら結論を急いだような書きぶりで、ＪＡＳＲＡＣを完全に「シロ」とまではいっていないのだが、ここまでで結論を出してしまった。

〈本件行為が他の管理事業者の事業活動を排除する効果を有することを認めるに足りる証拠はないから、その余の点（注・争点２～５）について判断するまでもなく、本件行為が独占禁止法第２条第５項所定のいわゆる排除型私的独占に該当し、同法第３条の規定に違反するということはできない〉

要するに、イーライセンスの管理楽曲の利用を回避したのは一社だけだったし、慎重になったのは、イーライセンスの管理体制が不十分であり、準備が不足していたためであり、JASRACの包括徴収契約のせいではない、とされたのだ。

この審決に至る過程や結論を考えるうえで、裁判（審判）というのは、どんな要因で判断されていくのか？ 自分なりになんとしても正しい判断基準を理解すべく、入手できるかぎりの情報をもとにまとめてみようとしていた。

まず判断を下す側でいえば、その判断をする人の生い立ちや経験からくるキャラクターがどのような傾向にあるのかによる点も大きいのではないか。

そういう面では、残念ながら刑事裁判の経験が長く、独禁法をはじめとした論理固めというよりは、証拠主義、はたまたグレーはシロに近いと考えがちな審判長の判断としては、あり得る判断だったのだろう。

ちなみにこの審決は全員一致ではなく、審判長を除く四人の審判官のなかでは二対二、最終的な判断は審判長にゆだねられ、異例なことのようだが、反意を示した一名の審判官は審決書に捺印せず審判団を離れていたとのことだった。

つぎに、審判での審尋については、裁判では不敗を誇るJASRAC大弁護団がとった戦略はさすがにすごかった。視点をはぐらかし、クロをグレーに、グレーをシロにひっくり返していく手法には頭が下がる思いだった。かつ、村木厚子さんの事件で世に問われた取調室で作成された調書の信憑性の判断、これですらなんらかの影響を与えたのではないかと思えるほど、公判での証言を有利な方向に導いていった。
そして世間の流れとして「公取委（審査部）の決定を公取委（審判部）が審査する」という審判制度は当時ちょうど改正されようとしていた。これもなんらかの影響を及ぼしたのか
——やはり、あるのだろう。

こんな推測を描きながら、つぎの一手でもっとも重要なことはなんなのか、考えていた。

つぎは東京高等裁判所だ。となると誰が、どんなひとが裁判長になるのかなんて想定のしようもない。当然審判とはまったくちがった環境での裁判になる。となると、大弁護団が証拠として示した資料（ＪＡＳＲＡＣサイドが証拠に使用したいま、当方もそのデータが入手でき、解析することが可能となった。なぜかこちらが手にした資料は黒塗りだらけだったのだが）を徹底分析し、その証拠をもって逆に立証していくしかない。

当方の戦略には二方向の判断が必要と感じていた。

ひとつは当然のことながら、これまで積み上げてきた独禁法における立証を再度徹底的に詰め直すこと。もうひとつは、上記のごとく、審判で詰めきれなかったデータの解析である。

排除措置命令までに積み上げてきた論理だけではなく、審判で提示した指摘や証拠だけでもなく、新たに入手可能になった数値データの活用で、大弁護団がとった戦略を逆手にとっ

た指摘が可能なのではないか。

すでに、覚悟はできているなんて、不思議な気分の「やらまいか」である。

第二十三章　激論の先に「審決取消訴訟」があった

二月二日の審決案に対して、二月八日に越知保見弁護士が公正取引委員会にあてて「ＪＡＳＲＡＣ事件審決案についての意見」を提出したということを知った。独占禁止法の専門家としての個人的見解である。この前例をみない排除措置命令取消審決案をめぐって、競争法専門家の間でも、おおいに注目を集めていたわけだ。

そこで、二月二十九日に越知弁護士と会い、同意見書をめぐってお話をうかがった。その後、三月二日、五日と顧問弁護士をまじえ、徹底的に検討会を開いた。

専門家同士の専門的議論についてゆくだけでもたいへんなのだが、それ以上にキャラクターもちがい、専門分野もちがう先生方の激論には頭が痛くなった。しかし、条文にふくまれる意味と現実の事案をすり合わせ、審決案のもつ間違いを的確に指摘していく議論には心底感心させられた。

そこでの議論をまとめて、三月六日、イーライセンスが「ＪＡＳＲＡＣに対する審決案について」を公正取引委員会あてに提出したことはすでに書いたとおりである。その後も検討会はつづき、四月九日、さらに論点を具体的に詰めた「ＪＡＳＲＡＣに対する審決案についての意見」を提出した。

この頃、越知弁護士の紹介で、上杉秋則先生と細田孝一神奈川大学教授が検討会に参加するようになった。上杉先生は独占禁止法の専門家中の専門家、一橋大学大学院国際企業戦略研究科の教授（当時）でもあるが、特筆すべきは、公正取引委員会元審査局長、第五代事務総長を務めた方である。細田教授も公正取引委員会の審査専門官の経験を持つ、実務派の専門家だ。このふたりが加わった検討チームは、望みうる最強の布陣となった。

しかしもうひとつ大事なことは、この裁判の勝敗とともに、彼らもまた独禁法という非常に狭い法曹界において、納得のいかない審決に対し、彼ら自身が独禁法自体の危機感をもって参画してくれていたことだ。

ここから本格的に「審決取消訴訟」へ向けた激論がスタートしたのである。

独占禁止法専門家の間での意見、提言、議論も頻繁に飛び交っていた。裁判の行方にどう影響するのかはわからないが、専門家の意見を俯瞰して聞けば、まぎれもなく取消審決を批判する向きが多かったと感じた。しかし、いったん取消を決めた審決を覆すには、隙のない論理を組み立ててゆかねばならない。

その頃はなんとしても突破口を見つけ出したい一心で、これまで読んだこともなかった法務専門誌も目を通さなければならなかった。「国際商事法務」、「ＮＢＬ」、「ジュリスト」などなど……。そんななかで、前述の村上政博先生、早稲田大学の土田和博教授、北海道大学（当時）の安藤和宏先生などが多くの論文を発表していた。

その他多くの論文のなかにはもちろん審決を支持する意見もみられたが、圧倒的な説得力を持って発表されていたのは当然のことながら、上杉先生の論文である。審決取消訴訟の提出と前後して、その根拠と公正な判断にむけての論理が事細かに整理され、訴訟の背景を担う最高の援軍となっていった。

しかしそんな資料の中でも、なぜか不思議な出来事が起こっていた。

ＴＢＳテレビ編成局コンテンツ&ライツセンターの担当者が「調査情報」という専門誌で執筆していた「意外と知らない著作権ＡｔｏＺ」という連載が「次号で考えてみたい」という文言を残し、いきなり中止された。この連載は放送局の担当者がいたって客観的に放送使用における著作権に関する問題を丁寧に書いている内容にて、われわれも興味を持って読ませていただいていた。その的確な指摘には共鳴する部分も多かったと記憶している。こんな不思議なことも起こるんだとそのときは何か不自然な感覚に陥った。

独占禁止法裁判における証拠選定は、過去の判例から類推して、市場の動向や状況を把握して関連付けてゆく。厳格性においては、刑法の証拠選定ほどきびしいものではない。

審決が排除措置命令を取り消すにいたった最大の根拠は、イーライセンスの準備不足であったが、それを立証する確たる証拠が示されたわけではない。いっぽうで、大塚愛の「恋愛写真」を利用するのを回避したのは一社だけで、一般的に回避されたとは認められないと矛盾した判断を記している。一年以上もかけ準備してきたにもかかわらず、もし、イーライセンスが本当に準備不足なのであれば、どの放送局も利用を控えるとともに、そもそも契約をすすめる放送局など出てくるわけがない。「私的独占」を疑われているときに、新規参入者の準備不足に論点を移そうとする意味がわからない。

しかし、この論理を覆さなければならない。審決が根拠とした証拠のひとつひとつに反論し、新たな証拠を示さなければならないのだ。

上杉先生や細田教授が加わってからというもの、もっとも大きく変わったのは、著作権等管理事業法を規範とした論点を前提としながらも、独禁法の細部にわたった論点が専門的ではありながら、非常にわかりやすくなっていったことだった。争点も構図もより明確になった。

しかし先生方の激論はすごい！　個人的にはなにがすごいって、わけがわからない人名がガンガン出てくることだ。あの裁判長ならどうだの、公取委のあいつはこう考えるだろう、と激論は法律論にとどまらず、想定される場面での個人的キャラクターにまでも及ぶ。聞いていて完璧にちんぷんかんぷんなれど、こうした会話こそ独禁法という専門性を意味しているんだなと感じた。

あのあっちこっち黒塗りされた放送使用実績データについても、争点となるポイントが明確になり、ＪＡＳＲＡＣの主張のどこに突破口があるのか、針の穴であろうと見つけ出して、突いていかなければならない。

たとえば、「恋愛写真」の放送利用が十月から十二月まで七百二十九回の利用が認められ、そのうち十月十七日以前は有償利用であることを前提として、十月一日から十七日まで百二十八回の利用があったとされている。が、しかし、プロモーション期間で無償化とするエイベックスの措置が口頭で伝えられたのは十月十三日である。その結果、その日以降の利用が増加したにすぎず、一日から十二日までの利用数は全国でわずか六回であった。

ここで争点とすべき最大のポイントは、ＪＡＳＲＡＣのカウントが週単位であったことをとらえ、正確な日時を指摘することで、全国での使用回数である六回という「ほとんど使われていない」というデータを提示していくことだ。

しかも、そのすべては無償利用であり、有償利用はＮＨＫ紅白歌合戦での一回分のみといういかにも悲しい事実を突きつけることが重要である。

その後も引き続き、激論を交わし、より審決案の誤りを緻密かつ冷静に反論した意見書を作成していった。

五月九日、「審決案の明白かつ重大な事実誤認・審理不尽の違法・審判手続きの瑕疵について」、五月二十三日、「審決案全体と判断されなかった審判の争点についての意見」と題された意見書である。

この意見書が、七月十日、東京高等裁判所に提訴した審決取消訴訟につながっていった。

【審決取消訴訟】

請求の趣旨――。

1　被告が、一般社団法人日本音楽著作権協会に対する平成24年6月12日付けでした審決を取り消す。

2　被告は、被告が平成21年2月27日付けでした排除措置命令の主文を執行せよ。

3　訴訟費用は、被告の負担とする。

との判決を求める。

以下、請求の原因――。

「審決が取り消されるべき理由の要約」として〈審決は独禁法82条1項が規定する取消自由に照らし、取り消しを免れない。まず、審決は、その基礎となった事実につき、それを立証する実質的な証拠に欠ける多くの事実認定の誤りを含んでいる。また、審決は、これまでの審・判決例に反する解釈上の誤りがあり、法令に違反する場合に該当する。さらに、審決に至る手続において、多くの手続規定違反ないし適正手続違反があり、そのことだけでも取り消しを免れない〉と述べ、「第1　事実認定の誤り」「第2　手続的瑕疵」「第3　法律解釈の誤り」「第4　事実認定の重大かつ明白な瑕疵」「第5　法解釈・法適用についての審決取消事由」「第6　手続的瑕疵」「第7　原告適格」と詳細にして精緻、明晰にして明快な記述は、越知先生をはじめとする専門家ならではの書きぶりである。

そして、〈本件で、被審人は、審判において本件包括徴収方式そのものを正当化する理由を証明するのは難しいと判断し、正面からその正当性を議論することなく、エイベックス楽曲が使われたかどうかという些末な事実認定についての誤りを、あたかも全体の事実認定に誤りであるがごとく主張し、あわよくば排除行為の存在を否定できるかもしれないと期待したに過ぎない。しかし、これまで述べたように、エイベックスの楽曲が実際に放送で流れていたと主張・立証するだけでは、本件排除効果を覆すことはできないことは、既に明らかにしたところである。このような被審人の戦略を見抜けず、利用実績が有償のものであったかどうかという基本的なことすら十分に審理せず、作成され、確立した先例に反する審決案を、これまた常識を疑うような審判規則78条の解釈に依拠して確定させてしまった本審決を、そのまま確定させるようなことがあってはならない〉と結んだ。

九月に入り、準備書面の提出を終え、九月二十四日、東京高裁において第一回口頭弁論が行われた。

第二十四章　東京高裁勝訴判決で「ひとり静かに、涙」

「審決取消訴訟」を起こした七月十日に、「ここが変だよ！ＪＡＳＲＡＣ審判審決」と題した文書で、七十一ページの訴状を七ページに要約し、ウェブ上で公開し、広く閲覧できるようにした。（http://lawandpatent.com/jpindex.html）

また、法廷弁論終結を前に五月十四日付けの「第五準備書面」も公開している。百二十一ページに及ぶ先生方の力作であり、原告、被告双方の主張の対照表もあって、東京高裁における審理の全貌を伝えている。

「審決取消訴訟」提訴から一年、二〇一三年六月七日の口頭弁論終結をもって、あとは判決を待つのみとなった。

そして、十一月一日午後一時十五分、東京高等裁判所（飯村敏明裁判長）で判決が下った。

〈主文
1　被告が、公正取引委員会平成21年（判）第17号審判事件について、参加人に対し平成24年6月12日付けでした審決を取り消す。
2　原告の排除措置命令の主文の執行を求める訴えを却下する。
3　訴訟費用はこれを10分し、その1を原告の負担とし、その余を被告及び参加人の負担とする〉

以下原告、被告の主張を整理しながら、判決主文にいたる審理を記し、結論として、〈以上のとおり、本件行為は、放送等利用に係る管理楽曲の利用許諾分野における他の管理事業者の事業活動を排除する効果を有するものと認められることから、この点が認められないことを理由として、本件行為が独占禁止法2条5項に定める排除型私的独占に該当しないとした本件審決の認定、判断には、誤りがある。被告は、「本件行為が、自らの市場支配力の形成、維持ないし強化という観点からみて正常な競争手段の範囲を逸脱するような人為性を有するものであるか否か」等、本件行為が独占禁止法2条5項所定の排除型私的独占行為に該当するための、その他の各要件を充足するか否かについて、認定判断をすべきである。したがって、原告主張の取消事由には理由があるから、その余の点について判断するまでもなく、本件審決を取り消すこととする。

なお、原告は、被告に対し本件排除措置命令の主文の執行も求めているが、被告がなすべき執行行為の意義及び内容は必ずしも明らかでなく、この点についての訴えは不適法であるから、同訴えを却下する。

よって、主文のとおり判決する〉とした。

ここでいう被告は公正取引委員会、参加人はＪＡＳＲＡＣ、原告はイーライセンスである。

判決の日は早々に東京を離れ、山に籠もっていた。判決を確認し、その後の記者会見は越知先生にお任せし、マスコミなど諸処対応は管理部長に頼み、取材などはいっさい受けず、できるかぎり客観的にみられるよう自分を置いてみたが、考えれば考えるほど難問だったんだなあと感じた。貫いてきた主張が認められたこと、なんと表現してよいかわからなかったが、はじめて「ひとり静かに、涙」てな思いが交差した。

その日はメール対応など淡々と過ごし、翌朝恒例である散歩がてらの新聞の買い出しにセブン‐イレブンへ。朝日新聞を手にして驚いた。となりに鎮座している読売も、毎日も、三大新聞すべて一面トップ。〈ＪＡＳＲＡＣは「参入妨害」〉と大きな見出しで掲載していた。テレビも、ＮＨＫ、テレ朝、日テレなど多くの報道がなされたとのこと。すごいことになっている。ふつうに考えれば、当たり前の判断のようであり、いざ裁判となると勝ち負けで世界がこれだけ変わるというのも事実だった。

JASRACは「参入妨害」

東京高裁 曲使用料の徴収法で

公取委判断 取り消し

テレビやラジオで流れる楽曲の使用料を放送局から徴収するビジネスで、業界シェアが9割を超す日本音楽著作権協会（JASRAC《ジャスラック》）＝🔑＝の徴収方法が、独占禁止法違反（私的独占）にあたるかが争われた訴訟の判決が1日、東京高裁であった。判決は「新規参入を著しく難しくしている」と判断。違反でないとした公正取引委員会の審決を取り消した。▼3面＝著作権市場「1強」どうなる

判決は、こうしたビジネスへの新規参入が2001年に認められてからも続く、JASRACの独占状態を問い直す議論の呼び水となりそうだ。

問題とされた徴収方法は、曲が流れた回数や時間を問わず、各局の放送事業収入の1・5%を使用料とする「包括契約」方式。1曲ごとに徴収する方法で06年に新規参入した「イーライセンス」（東京）が、公取委を提訴していた。

飯村敏明裁判長は、放送局が包括契約により、JASRACが著作権を管理する曲を使い放題にできる一方、他社が管理する曲を使う場合は、追加出費が必要になると指摘。実際にTBSやテレビ朝日など民放キー局を含む13社が経費削減のため、イ社が管理する曲の利用を控えるよう社内に通知し、うち8社は実際に利用を控えたと認めた。

またイ社は、エイベックス・グループの倖田來未さんらの楽曲を管理していたが、高裁は06年にその契約が解約された点を重視。同グループが「放送局が追加出費を嫌い、イ社管理の曲の利用を回避した」と理解して解約したと認定した。

そのうえで、包括契約には、新規参入や同業他社の事業活動の継続を妨げる効果があると判断。公取委の審決を誤りと結論づけた。

この問題で公取委は09年2月、包括契約方式を独禁法違反とみて排除措置命令を出した。だがJASRACの不服申し立てを受け、昨年6月、「他社の事業活動を排除する効果があるとまでは断定できない」と、自ら命令を取り消す異例の審決を出していた。

訴訟にはJASRACも参加。独禁法に基づき、高裁が一審となる。公取委は「上訴を視野に今後の対応を検討したい」、JASRACは「到底承服できない。しかるべき対応をとる」との談話を出した。

（小松隆次郎）

🔑 日本音楽著作権協会（JASRAC）

1939年設立の日本最大の著作権管理団体。会員の作曲家・作詞家らに代わり、放送やネット配信、カラオケなどでの楽曲の使用料を徴収し、分配している。こうした業務はかつて国の許可制で、JASRACの独占市場だったが、2001年施行の著作権等管理事業法で新規参入が可能となった。だが状況は変わらず、近年のシェアも99%前後。NHKなど放送局からの徴収分は約300億円で、シェアも同程度とみられる。

《JASRACは「参入妨害」東京高裁》
2013年11月2日付け朝日新聞より

今回の裁判においては、まずは、審決取消訴訟への挑戦エネルギーを引き出してくれた越知先生、そして、つねに論理的かつ丁寧な指導をいただいた上杉先生、そして細田先生、そもそも排除措置命令にたどり着くことができた最大の協力者であるField-R法律事務所の山崎先生、鎌田先生、慶應大学石岡先生、むずかしい立場でありながらつねに法律的、業務的サポートをくれた東條先生、みなさまへの感謝しかなかった。

この高裁判決で、事態は二〇〇九年二月二十七日の排除措置命令に戻った。命令を受けたJASRACが不服を申し立てた審判請求に基づき出された審決が取り消されたからである。〈本件行為が独占禁止法2条5項所定の排除型私的独占行為に該当するための、その他の各要件を充足するか否かについて、認定判断をすべきである〉というのは、公正取引委員会が審判をやり直すべきだという意味だ。各紙の記事は公正取引委員会もJASRACも「高裁判決は甚だ遺憾、最高裁への上告も検討」というコメントだが、もし最高裁へすすめば、上告人は公正取引委員会、被上告人がイーライセンス、参加人がJASRACということになる。

十一月一日にJASRACが発表したプレスリリースによると――。

〈当協会は、「訴訟の結果により権利を害される第三者」（行政事件訴訟法22条1項）としてこの訴訟に参加し、次の2点を主張していました。
①本件排除措置命令及び本件審決の名宛人でないイーライセンスには原告適格（訴訟を提起して判決を受けることができる資格のこと）が認められないこと。
②仮に原告適格が認められるとしても、本件審決の事実認定は合理的であり、法解釈にも誤りはないため、本件審決には取消事由がないこと。
本日の判決はこれらの主張をいずれも否定したもので、到底承服することができないため、判決文を精査した上でしかるべき対応をとる必要があると考えています〉

ＪＡＳＲＡＣとしては、排除措置命令に対応するための時間が必要だ。ここは上告して時間を稼ぎたいのだろう。ただし、著作権管理事業のあり方をどう考えているかとなると、二〇〇一年十一月十八日付け朝日新聞に出した広告記事で服部克久理事の見解とはしているが〈著作権管理に競争原理の導入は不毛〉というあたりから一ミリも動いていないような印象であった。

十一月六日に公正取引委員会事務総長の定例会見も開かれたが、特段新鮮なコメントもなく、苦渋にみちた応答だけである。そのなかの言葉を借りれば、「慎重な審議を尽くして出した審決」を取り消されたのであるから、今後再度「十分慎重に検討した」としても、新たな展開を望むのはむずかしいだろうといった印象だけが残った。

そして、十二月六日、公正取引委員会とＪＡＳＲＡＣは上告受理の申し立てを行った。

第二十五章　最高裁判決勝訴！「やらまいか」にさらば

上告資料に目を通すかぎり、新しい証拠も新しい証言もない。高裁判決を覆す材料は見当たらない。イーライセンスがやるべきことはなにもないだろう。最低限の準備書面は弁護士の先生方にお任せし、ひたすら最高裁からの要請を待ったが、その後、なにも連絡はなかった。

二〇一五年四月十四日に「四月二十八日午後三時、最高裁判所第三小法廷において判決をいい渡す」という連絡があった。もし高裁判決が覆されるようなことがあれば、反論のための公判が開かれているはずである。そんな状況判断はマスコミも専門家も十分認識していたのだろう。最高裁の判決を予見する記事が新聞に載っていた。

残すは、日本の法律の最高決定機関である最高裁判所がどこまで踏み込んだ判断を下すかである……。

四月二十八日午後三時。最高裁判決は「本件上告を棄却する」であった。

参入妨害 最高裁も認定

JASRAC曲使用料徴収法

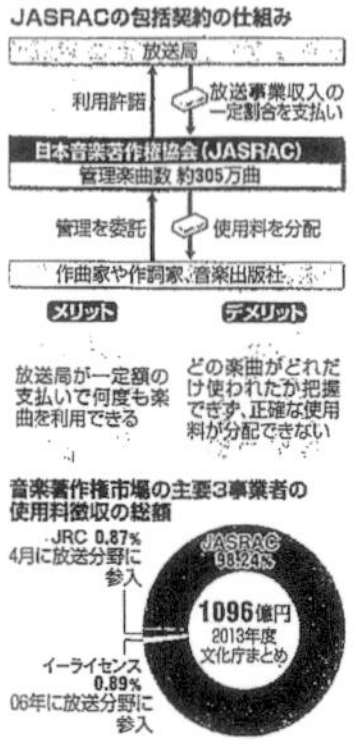

テレビなどで流れる楽曲の使用料を放送局から徴収するビジネスをめぐり、日本音楽著作権協会（JASRAC）の徴収方式が独占禁止法違反（私的独占）にあたるかが争われた訴訟で、最高裁は28日、「他の事業者の参入を著しく困難にしている」とする判決を言い渡した。独禁法に違反しないとした公正取引委員会の審決を取り消した。公取委は再び審決をやり直す。

JASRACの方式は、曲が流れた回数や時間を問わず、各局の放送事業収入の1・5%を使用料として徴収する「包括契約」を結ぶ。この方式について、第三小法廷（岡部喜代子裁判長）は「ほぼすべての放送事業者が長期間にわたり、JASRAC以外の事業者が管理する楽曲を利用しづらくなっている」と判断、「参入妨害」とした一審・東京高裁判決を支持した。小法廷は「市場での支配力を維持するための人為的なものだ」とも指摘した。

この問題では、公取委が2009年、JASRACの方式が独禁法違反にあたるとして排除措置命令を出したが、JASRACの不服申し立てを受け、独禁法に違反しないとする審決を出した。1曲ごとに徴収する方式で06年に新規参入した「イーライセンス」が、公取委の審決取り消しを求めて提訴した。（西山貴章）

定額制から変更 検討

1939年の設立以来、音楽著作権管理事業を独占し、2001年の規制緩和以降も市場の大半を握ってきたJASRAC。最高裁の判決は、今後の参入を促すきっかけになるのか。

JASRACの徴収方式が独禁法違反にあたるのかどうかの判断が揺らぎ続けた公取委では、動揺が広がった。幹部は「結論が二転三転したこと自体が公取委への信頼を失わせた。しっかりした結論を出す以外にない」と危機感をのぞかせる。職員の一人は「ほとんど新規参入が出来ない状態だったのは事実。もう一度独禁法に違反しない『シロ』を出すのは難しいのではないか」と漏らす。

JASRACは28日、現在の徴収方式を「私的独占に該当するものではないことを引き続き主張する」との見解を発表。一方で、新規に参入した著作権管理事業者との「落としどころ」を探る動きも始めている。

放送分野での楽曲の著作権管理業務には、イーライセンスに続き、今年4月からジャパン・ライツ・クリアランス（JRC）も加わっている。JASRACを加えた3社と放送局（NHKと民放連）は2月から、統一的な徴収の仕組みをつくれないか、検討を進めている。

関係者によると、検討中の案は、放送局が「放送事業収入の1・5%」など一定の額を払って自由に楽曲を使える現在の仕組みを改め、使った楽曲の使用割合（回数や時間）に応じて、楽曲を管理する各事業者に対して使用料を払う仕組みだ。

現在は、放送局はJASRACのたくさんの楽曲を使えるため、費用の負担を増やしてまで別の管理事業者の楽曲を使用するのを控えがちだ。楽曲の使用割合に応じて支払う仕組みなら、放送局は別の管理事業者の楽曲も使いやすくなる。JASRACにとっては使用料収入の減少につながる可能性があるが、関係者の一人は「最高裁判決も出て、受け入れざるを得ないのではないか」と話す。

著作権問題に詳しい福井健策弁護士は、どれだけ楽曲を使ったかによって支払額が変わる仕組みを、「現場に混乱を来さずに取り入れられるなら正しい動き」とみる。今後は、楽曲の使用割合をより正確に把握し、実態にみあった使用料を徴収する仕組みの構築が課題だ。（藤井裕介、賀川俊）

〈参入妨害 最高裁も認定〉2015年4月29日付け朝日新聞より

この判決を受けて、イーライセンスは「ＪＡＳＲＡＣ独占禁止法違反事件に関する最高裁判決を受けて」と題したコメントを発表した。

〈当社は、著作権等管理事業法に基づく民間参入第１号の管理事業者として２００２年以来、一貫して「公平公正」な著作権管理環境の提供・創造と、徹底した情報公開による「公共性」の向上という点を基本的なポリシーとして管理事業を行って参りました。

そのような観点から当社は、競争原理の導入による著作権者の管理の選択肢確保を趣旨として２００１年に施行された著作権等管理事業法の目的が十分に実現されますようＪＡＳＲＡＣの事実上の独占が保障されていた旧仲介業務法時代から改正されることなく存続し続けている「競争制限的ルール」の改正を実現するため、関係機関に働きかけるなどの活動を通じ、これまで実際にいくつかの改正を実現して参りました。

本件独占禁止法事件で問題となっていた「利用者との定額の使用料での包括契約（包括徴収）」による新規事業者の参入制限という問題への取り組みも、その数ある活動の一つにすぎません。

「排除措置命令」では、ＪＡＳＲＡＣの放送分野での本件包括徴収方式とともに「演奏権・貸与権・業務用通信カラオケなど」他の管理分野についても「今後、同様の行為を行ってはならない」と記されています。

当社といたしましては、放送権など新規支分権管理参入から9年、「排除措置命令」から6年が経過し出されました今回の判決を受け、放送権のみならず、本件包括徴収方式にて管理されている他の支分権や利用形態につきましても、利用実績を反映した按分など公平公正な競争市場の早期形成に向け、一般社団法人日本音楽著作権協会が速やかに対処されることを願っております〉

アナログからデジタルへと時代が大きく舵を切っていた一九九五年にはじまった著作権戦争も二十年、著作権業界に大きな変化をもたらした規制改革、著作権等管理事業法への法律改正から十五年、参入排除という最大の障壁を乗り越えた独占禁止法での「最高裁判決」、これにてやっと「やらまいか」にさらば！　です。

第0章　最後にもう一度「カッキ〜ン！」が響き渡る

今回の最高裁判決にともない、もうひとつ重要な判断が下された。

それは今回の裁判で請求していたＪＡＳＲＡＣ「独占禁止法検討会議」議事録なる証拠資料が開示されたことである。ＪＡＳＲＡＣが頑なに開示を拒否していた資料だ。

最高裁判断では、今回の裁判に関連した使用目的（非常に限定されている）以外への開示は禁止されているので、残念ながらここに添付することはできない。

しかし、訴訟記録閲覧でも確認できるこの議事録に記されている内容を、もしＪＡＳＲＡＣが公平公正な目で、かつ真摯な対応をしていたならば、このノンフィクション・ストーリーはなんら必要のないものになっていただろう。

すなわち、複数管理事業がスタートした直後、二〇〇二年八月の第一回検討会議では「旧仲介業務法下で認可された包括契約を、複数管理事業者が参入した状況において引き続き適用してゆくことは、新規参入を妨げるなど独禁法に抵触するのではないか」「包括使用料の他に曲別使用料が設定されているが、使用料が高額なため、利用者は事実上包括使用料を選択せざるを得ないことが独禁法に抵触するのではないか」など明確に議題として取り上げられ、同年十月の第四回検討会議ではすでに「優位的地位にあるＪＡＳＲＡＣが包括契約を継続することは、独禁法に鑑み、非常に危険であること」「反論の理由付けとしては、使用実績の全量（またはそれに近い）報告を可能とする技術開発の遅れを指摘すべきであること」「公取委がすでに参入障壁となることが問題であるとの認識を示していること」などが検討され、結論として「インタラクティブ配信や放送権のみならず、演奏権にまで至ることを想定し、早期の対策の必要性があること」そして「最低限（一定）の料率については他の事業者にも配分せざるを得ないだろう」といった内容が記されている。

最高裁判決においても「正常な競争手段の範囲を逸脱するような人為性を有するものと解する」との一文に、その資料の意味が込められているのではと推測される。

二〇〇二年とは、複数管理事業者による管理がはじまったまさにその最初の年である。いまから十三年前である。

はたして公益法人とはなんなのか？　著作権管理事業における指定管理事業者とはどんな役割を担っているのか？　はたまた数十年にも及び日本の音楽著作権管理事業を背負ってきたＪＡＳＲＡＣはどんな責任を果たすべき立場なのか？

そして、著作権管理事業界を監督すべき文化庁は、これまで責任ある監督義務を果たしてきたのか？
文化審議会が年月かけて出した報告書を基に制定された「著作権等管理事業法」とはなにをめざして施行した法律なのか？

裁判とは「長くかかるもの、行方のみえないもの、体力と資金力が必要なもの、そして正義だけでは勝てないもの」である。
最後にもう一度「カッキ〜ン！」が最大音量でからだのなかに響き渡った。
でも、「やらまいか」には、さらば！　です。あとは次代を担う人たちに……。

公取委対応で厖大な資料の作成や不明確な情報の確認など面倒な作業にスピーディに対応してくれた社のスタッフ、わがままに突っ走る姿を横目に見つつ、協力を惜しまなかった役員のみなさん、多様な場面でご支援いただいた関係者のみなさま、そして体調管理に最大限のサポートをしてくれた家族、すべての人に感謝します。

二〇一五年九月吉日

三野明洋

あとがき

「やらまいか」とは、遠州っ子（静岡県西部）の気質を表す言葉だ。

「やってやろうじゃないか」という挑戦者精神・開拓者精神を表現している。

この地域は、ホンダ、スズキ、ヤマハなどの企業が生まれ、豊田佐吉翁の出身地としても知られる。こうした企業家や発明家を支えたチャレンジ精神を示す言葉なのだろう。


ではなぜ「やらまいか」なのか、「遠州」なのか？

私の父は一九九〇年に七十八歳で、母は二〇一一年に九十六歳で亡くなった。

母が亡くなり、長年のほこりと歴史が積もった家の片付けをしていたときに出てきたいくつかの資料、なかには昔の漢文体でまったく読めないモノまでも……しかし読めば読むほどに面白い！　ということで、それまでまったく興味もなかったわが家の〈過去〉探しをはじめてみた。これまで存在した市区町村の役所にお願いし、古い戸籍謄本（和紙に筆書きにてぼろぼろ、墨は滲み、なれどなんとか読めるモノあり）のコピーを送ってもらったり、関係書籍を探してみたり、あとは親戚からの情報収集……そしてこんな情報が聞こえてきた。

父の曾祖父（すなわち私の高祖父）三野周五郎は、明治十二（一八七九）年三月十八日千葉県望陀《もうだ》郡木更津村に移った。その移った理由の前段が面白かった。ただし、この時代の登記簿謄本なるものは、現代とちがい謄本ごとに記載内容に不一致な部分が山とみられる。多分この時代には正確さなんて必要なかったのだろう。ということで、その高祖父なのか？　または三野家の先祖のだれなのか？　は、静岡掛川藩出身。

戊辰戦争の際、東海道では特段の戦いもなく、掛川藩も早々に勤王側についたらしい。内部では、左幕派と勤王派が激しく対立する中、それに納得できなかった藩士六十一名が脱藩、横浜から船で房総半島に移る。

わが家の先祖のそのだれかはこのなかにいたひとりの医者の可能性が高い。

木更津周辺の小藩（請西《じょうざい》藩）は幕府側だったので、これらの藩士を受け入れた。戊辰戦争の終わりに新政府軍との小規模な戦闘があったが、すぐに終了。この戦いの犠牲者を記念し

た塚が請西村にいまでもある。

ついでに、祖母ぎん（長く同居し、最期まで一緒に過ごしたので、思い出深いなあ！）の実家小野家は、水戸藩の家老だった。水戸藩も請西藩と強い絆を持って連携していた形跡が水戸に残されているとのこと。


学生時代にはもっとも嫌いだった「歴史」。しかしこんな情報を読みほどくなかで、私の血のなかのどこかに「やらまいか」精神が引き継がれているのではないかと思いはじめていた。つねに挑戦者として、開拓者として戦ってきた二十年、真実は遥か雲のなかなれど、いま考えれば「なるほど〜！」と笑いたくなる〈過去〉探しである。


ここで少々歴史のなぜ？　を考えてみた。

では、なぜ幕府が脱藩藩士を直接受け入れなかったのか？

当時、徳川幕府内には当然混乱が生じていた。脱藩したとはいえ、藩として裏切った掛川藩の藩士をそのまま受け入れることには抵抗も大きく、近隣で、かつ、幕府への忠誠心の強い請西藩がもっとも受け入れやすいと判断したのではと推測できる。

では、なぜ船で渡らせたのか？

一六一四年（慶長十九）大坂冬の陣にて、木更津の水夫二十四名が徳川幕府方について戦功を上げ、その功により幕府は、江戸―房総間の渡船営業権を木更津（請西藩）に特権として与えていた。また当時は、軍事上の目的から主要河川に橋を架けることを禁止していたことからも、渡船は主要交通手段だったともいえる。

では、なぜ房総（木更津）なのか？

当時は海軍力の増強が課題だった。掛川藩も海に強い藩であったことから、将来的な海軍力の増強に役立てようとしたのではと考えられる。歴史的にもその後、木更津は軍都として発展したことからも、そのような推測が成り立つだろう。

ここでもうひとつついでに、母方のルーツも書いておこう！　こちらもいたって面白い！

母の父方の曾祖父は渡邊廉吉、その長男信と、母の母方の曾祖父は志田林三郎、その三女ヒデ。その血を受け継いだ次女禮子が私の母である。

父方の渡邊廉吉（一八五四年二月五日～一九二五年二月十四日）は、越後の国長岡出身。父は越後長岡藩士だった。日本の法学者、裁判官、政治家。内閣総理大臣秘書官、貴族院議員などを歴任した人物である。

十五歳のときに戊辰戦争に従軍して負傷。大学南校独逸部、開成学校に学び、東京外国語学校で教諭・訓導としてドイツ語を教えた。外務省書記生（専門職）として、オーストリアに渡って法律と政治学を学び、帰国して帝国憲法、皇室典範の制定に尽力したとされている。

明治政府の最大の課題は近代化であった。そのためには不平等条約撤廃の前提として列強各国が日本に対して要求していた近代法典（民法、商法、民事訴訟法、刑法、刑事訴訟法の五法典）を成立させる必要があった。そこで、日本政府はヨーロッパの諸法典をモデルとすることを決め、憲法制度調査のためヨーロッパを歴訪した伊藤博文は招聘した外国人とともに、日本人法学者も日本法の近代化に参画させ、そのうちのひとりが渡邊廉吉であった。（渡邊廉吉傳より）　やっぱり昔から法律には縁が深かったのかなあ――。

そして、母方の志田林三郎（一八五六年二月一日～一八九二年一月四日）である。佐賀県多久市（当時 佐賀藩）出身の物理学者にして電気工学者。電気学会創設者でもあった。

幼少時から学問に優れ、とくに数学が得意だった（数学じゃないけど、算数は得意です）。一八七二年に工部省工学寮（現在の東京大学工学部）に入学、電信学を学んだ。一八七九年に電信科を首席で卒業し、後に日本初の工学博士となった。翌年スコットランドのグラスゴー大学に留学し、物理学、数学などを学び、帰国後、工部省電信局で通信官僚として働きつつ、工部大学校（後の帝国大学）教授として電気工学などの専門教育に励んだ。その後も電気や通信、磁気や物理など幅広い研究を数々おこない、なかでも一八八六年の隅田川の水面を導体として用いた導電式無線通信実験は、その評価は高い。

明治時代の当時から、電気利用技術の将来性について注目しており、一八八八年に電気学会を設立し、第一回通常会での電気工学が実現しうる未来技術（無線通信、長距離電送、テレビジョン、映像音声記録など）についての演説は、その先見性が高く評価されている。一八九二年、三十六歳の若さで亡くなった。（ニューメディア「志田林三郎の生涯」より）

てなわけだが、結果的に三野家が東京に居を移したのには、その生い立ちから、母の思いが強く影響したのではと推測される。

著作権法の前段である民法などを成立させた「越中長岡の血」と、一貫して産業革命を推進してきた「佐賀藩の知」、それらが「やらまいか」精神に混ざって東京で育まれたとしたら、すごいことになっているかもしれないなんて……。

しかし、よ〜く考えてみれば、血の繋がりがパワーを与えてくれたのか？　残念ながら劣性遺伝のほうに傾いてしまったのか？　どちらにしても、いまの自分になんらかの影響を及ぼしている気分になってきた。いやあ！〈過去〉探しは面白い！

装丁　花村広
挿画　福井邦人
本文デザイン　落合雅之
編集協力　西山嘉樹

年	月日		内容
1995	9・21	JASRACにて	森高千里 作品使用許諾について情報交換：JASRAC資料部
	12・20	オラシオン	森高千里CD-ROM「渡良瀬橋」発売
1996	4・10	JASRACにて	森高千里CD-ROMに関する著作権使用料第一回協議
	9・20	内閣 閣議決定	「公益法人の設立許可及び指導監督基準」にてJASRACへの公益性確保の指導有り
1997	6・10	JASRACより	「森高千里CD-ROMに関する著作権手続きの督促について」受領
	7・28	ACCS	「ゲームソフトへの音楽使用に関する改定案への意見書」提出
	8・18	日本経済新聞	CD-ROMの音楽著作権料「制作会社、音楽出版社と直接交渉」
	8・26	JASRACより	8・18日経新聞報道に関し、JASRACからの呼び出し対応
	8・28	日経産業新聞	新媒体に揺れる著作権
	9・09	JASRACより	「音楽著作物使用許諾契約の締結について」受領
	9・24	JASRACあて	「音楽著作物使用許諾契約の締結について」回答書提出

年	月日	出典	内容
	9・25	文化庁にて	著作権課専門員とJASRACとの協議内容について意見交換（文化庁関与せずとのこと）
	9・30	ACCS	ゲームにおける音楽著作権使用料に関する件で新たに一部合意（協議は継続）
	10・01	JASRACより	「音楽著作物使用許諾契約の締結について」督促状受領
	10・03	AMD	「マルチメディア・タイトルにおける音楽著作物使用料規程に関する協議申入書」JASRACあて提出
	10・15	オラシオン	中島みゆきCD-ROM「なみろむ」発売
	10・30	AMD	第一回協議会開催、JASRACに「総再生時間の特定できないソフトに管理楽曲を使用する場合の取り扱いについて」提出
	11・01	日経産業新聞	JASRAC加戸理事長「利用価値で決めるべし」枝弁護士「一元管理に柔軟性を」
	12・18	JASRACより	「音楽著作物使用許諾契約の締結について」督促状（二回目）受領
	12・19	朝日新聞	松田政行弁護士「自由な著作権市場の形成を望む」
1998	3・04	朝日新聞	坂本龍一「音楽著作権の独占管理改めよ」
	4・02	朝日新聞	独占JASRACに60年目の初挑戦・音楽著作権の管理仲介業

年	月日	内容	
			に第2の名乗り
	4・03	日経産業新聞	音楽著作権で新管理団体・デジタル時代迎え「独占」に一石
	4・08	MCA／文化庁	仲介業務許可申請文化庁受理
	4・23	日経産業新聞	JASRACに挑戦者
	5・14	日刊工業新聞	MCAの波紋・JASRAC支配に挑戦
	6・03	MCA／文化庁	第一回ヒアリング、追加資料提出依頼有り
	7・06	日本経済新聞	坂本龍一「著作権の一元管理に異議あり」
	8・07	日経産業新聞	東大中山信弘教授「著作権管理に競争を」
	8・11	MCA／文化庁	文化庁著作権課 吉田課長と面談
	9・25	MCA／文化庁	仲介業務許可申請 取り下げ受理、書類還付
	11・01	日経マルチメディア	MCA、申請取り下げ、音楽著作権仲介業務は白紙へ
	11・26	NMRC	ネットワーク音楽著作権問題、暫定合意（99・3・31まで）
1999	2・01	MAA	第一回フォーラム開催
	5・28	JASRACより	「音楽著作物使用許諾契約の締結について」再度受領
	7・06	文化庁 著作権審議会	権利の集中管理小委員会「中間まとめ」にて、複数管理事業者

			の参入を容認する提言
	7・22	文部省・文化庁	著作権法100年記念式典開催（1899年 旧著作権法施行）
	10・01	プレジデント／ASIA21	インターネット配信時代の「第二JASRAC」を画す男
2000	1・21	文化庁 著作権審議会	集中管理小委員会報告書にて、複数管理事業者の参入を容認
	5・15	通常国会	小渕恵三首相急死にて、〝著作権等管理事業法〟国会提出延期
	9・29	イーライセンス	著作権管理事業を主たる目的とする会社 株式会社イーライセンス設立
	11・13	通常国会	旧〝著作権仲介業務法〟廃法、〝著作権等管理事業法〟国会通過：11月21日成立、29日公布
2001	2・22	朝日新聞	音楽著作権の管理・仲介業 民間会社が初参入：朝刊1面＋11面掲載
	2・22	日本工業新聞	イーライセンス 民間で初の参入
	2・22	日経産業新聞	JASRACに対抗 参入相次ぐ
	4・14	BILLBOARD	Japan Gets New Music Copyright Agency
	9・10	日経ネットビジネス	法改正で第2JASRAC始動 電通・博報堂なども参画
	10・01	文化庁	〝著作権等管理事業法〟施行

年	月日	内容	
	10・11	イーライセンス	民間著作権管理事業者第一号として文化庁に申請・受理（No.01005）
	11・18	JASRAC	朝日新聞に全面広告「著作権管理に競争原理の導入は不毛」
	11・26	JASRACにて	複数管理事業者による著作権管理開始にあたり、管理業務の課題協議
2002	4・01	イーライセンス	日本レコード協会と録音権等に関する包括契約締結
	4・16	日経産業新聞	著作権管理　JASRAC崩れた独占
2003	3・31	公正取引委員会	「デジタルコンテンツと競争政策に関する研究会報告書」にて、JASRAC「包括契約」の排除を指摘
	5・23	公正取引委員会あて	JASRAC信託譲渡契約の期間（5年契約等）に関し、競争政策に鑑み、変更の申し入れ
	7・12	NMRC	ネットワーク音楽著作権協議会とインタラクティブ配信権（ストリーム配信）に関する包括契約締結
2004	5・10	SARAH／JASRACあて	SARAHおよびJASRACへ「私的録音補償金分配に関す

年	月日	宛先・主体	内容
			る改善」申し入れ
	6・29	規制改革推進本部あて	私的録音補償金分配に関し、要望書提出
	7・26	文化庁	文化庁に「私的録音補償金分配に関するSARAH、JASRACへの調査等について」送付
	9・30	公正取引委員会あて	著作権等管理事業法に対する意見書（私的録音補償金分配、包括契約、契約年数等信託契約変更）提出
2005	4・01	イーライセンス	私的録音補償金、JASRAC経由にて徴収開始（2003年4月1日に遡及し適用）
	6・24	JASRAC	公取の指摘を受け、信託契約約款「契約期間を5年から3年に、契約変更申請は6月前から3月前に」変更
	11・10	規制改革推進室あて	新規支分権管理参入への規制改革要望書提出
	11・10	公正取引委員会あて	新規支分権管理参入への規制改革要望書提出
2006	1・06	規制改革推進室あて	JASRAC／民放連包括契約見直し意見書提出
	4・01	イーライセンス	複数管理事業開始後、民間管理事業者初の放送権等 新規支分権管理に参入
	9・08	公正取引委員会	〈「独占的状態の定義規定のうち事業分野に関する考え方につい

年	月日	内容	
			て」の一部改定について〉公表
	9・28	イーライセンス	NHKおよび日本民間放送連盟と放送権に関する包括契約合意
	10・01		放送／有線放送に関する権利の管理開始
	10・22	朝日新聞	音楽著作権　巨象に挑む
2007	4・01	イーライセンス	業務用通信カラオケ、貸与権、出版権に関する権利の管理開始
	6・22	公正取引委員会あて	独占禁止法該当メモランダム提出
	8・07	公正取引委員会あて	JASRACの私的独占（支配型）該当性について意見書提出
2008	4・23	公正取引委員会	独占禁止法違反の疑いで、JASRACに立入検査実施
	4・23	NHK及び民放テレビ各社	JASRAC立入検査　ニュース報道
	4・24	朝日・日経他多数	JASRAC立入検査　紙面報道
2009	2・27	公正取引委員会	JASRACに対し、独占禁止法違反にて「放送権に関する包括契約」排除措置を命令
	2・27	NHKおよび民放テレビ各社	JASRAC立入検査　ニュース報道
	2・28	朝日・日経他多数	JASRAC立入検査　紙面報道
	4・28	JASRAC	公取委あて審判請求提出

	5・27	公正取引委員会	審判開始を通知
	7・09	東京高等裁判所	JASRACの排除措置命令執行免除申請、保証金1億円を供託することで執行免除を決定
	7・27	公正取引委員会	第1回審判
2010	4・28	JASRAC	公取委あて審判請求提出
	9・30	三野明洋	再審　証人尋問
2011	6・01	公正取引委員会	第13回審判　JASRAC（被審人）最終意見陳述
2012	2・02	公正取引委員会	再審　審決案　JASRAC（被審人）あて送付
	6・12	公正取引委員会	JASRACへの排除命令を取り消す審決
	7・10	イーライセンス	審決取消訴訟　提訴
2013	6・07	東京高等裁判所	口頭弁論終結
	11・01	東京高等裁判所	審決取消訴訟：勝訴・取消判決
	11・02	朝日／読売／毎日新聞他多数	朝刊1面トップにて、「JASRAC参入妨害！無罪審決取り消し」
	11・02	NHK／テレビ朝日／日本テレビ等	「JASRAC参入妨害！無罪審決取り消し」ニュース報道
	12・06	JASRAC	最高裁に上告
	12・06	公正取引委員会	最高裁に上告

年	月日	内容	
2015	4・14	最高裁判所	判決言渡期日通知受理
	4・28	最高裁判所	判決 主文「本件上告を棄却する」

注

JASRAC ㈳日本音楽著作権協会
ACCS ㈳コンピュータソフトウェア著作権協会：法人会員
MCA ㈱ミュージックコピーライトエージェンシー：取締役（後に、代表取締役）
AMD ㈳マルチメディア・タイトル制作者連盟：法人会員（著作権委員）
NMRC ネットワーク音楽著作権連絡協議会：法人会員
MAA メディア・アーティスト協会：個人第一号会員

三野明洋(mino akihiro)

1969年 慶応義塾大学 商学部卒、日本コロムビア入社
1985年 退社後、独立系レコード会社、音楽出版社、
ワーナーミュージック・ジャパン邦楽統括本部長などを経て、
2000年 イーライセンス設立
2016年 JRCと合併し、名称をNexToneに変更、取締役会長に就任
2017年 取締役退任、相談役就任
株式会社NexTone 相談役(2019年6月退任)
株式会社エスパープロデューサーズ 代表取締役
株式会社スマートエデュケーション 取締役
国立大学法人山口大学 国際総合科学部 客員教授

やらまいか魂《だましい》 デジタル時代《じだい》の著作権《ちょさくけん》20年戦争《ねんせんそう》

2020年7月30日 第1刷発行

著 者 三野明洋《みのあきひろ》
発 行 三野明洋
発 売 株式会社朝日新聞出版
〒104-8011 東京都中央区築地5-3-2
電話 03-5541-8917(編集)
03-5540-7793(販売)

印刷・製本 株式会社フクイン

ISBN978-4-02-100923-5